ちくま文庫

# ヤンキーと地元

## 解体屋、風俗経営者、ヤミ業者になった沖縄の若者たち

打越正行



筑摩書房

目次

## 第二章　地元の建設会社　61

調査実施一覧

生活史インタビュー・実施記録

参考文献

カバー・本文写真提供　著者（文中にクレジット表記した写真を除く）

本文イラスト　眞下弘孝

# ヤンキーと地元——解体屋、風俗経営者、ヤミ業者になった沖縄の若者たち

## 凡例

一、インタビュー中の（ ）は、筆者による補足である。

二、インタビュー中の——は筆者による発言、……は中略を表す。

三、［ ］は、うちなーぐちの日本語訳である。

四、本書に登場する人物や会社などの名称は、すべて仮名である。

五、調査対象者とのやり取りの中に、差別的な表現が含まれているが、それらは調査対象者が生きる世界を反映したものであり、そのまま記録する意義に鑑みて修正は行わず、発言どおりとした。

# はじめに

沖縄で出会ったヤンキーの拓哉は、「仕事ないし、沖縄嫌い、人も嫌い」と、吐き捨てるように言った。沖縄の若者が生まれ故郷を嫌いだとはっきり言うのを初めて聞いたので、私は驚いた。彼が嫌いな沖縄とはなんなのか。そもそも、彼はどんな仕事をし、どんな毎日を過ごしているのか。そうしたことを理解したいと私は思った。一〇年以上にわたる沖縄での調査の原点は、そこにあった。

この本に登場するのは、沖縄で生まれ育った若者たちだ。暴走族もいれば、建設業や風俗経営、ヤミ仕事（違法就労）に身を置く若者たちもいる。彼らは高校や大学を卒業して安定した職を得るような人生のレールに乗ってはいない。その意味で彼らは周辺的な存在と言っていい。だが、裏社会を生きるような特別な存在ではない。普通の若者である。そうした彼らが、沖縄という地で、どのように生きてきたのか、生きようとしているのかを、この本では描いていく。

## 下世話な冗談

仲里は、沖縄の中部地区で生まれ育った三〇代の男性だ。彼と私は、話をするときの波長がよく合った。

インタビューをしている時、彼が何を言おうとしているのか、その核心を見失ったと感じることは滅多になかったし、私が聞きそびれたことを彼は補ってくれた。私は参与観察をメインの調査法とする社会学者だが、インタビューが苦手で、そんな中にあって仲里は、気がねなく話が聞ける数少ない相手だった[1]。

二人とも下世話な冗談が好きで、話し始めると止まらなかった。

仲里　アメリカの男って、愛撫《あいぶ》あんまりやらんってよ。すぐ入れるってよ。でも日本人って、愛撫するさ。おっぱい吸ったり、てぃーほぉー［手マン］したり。手マンコ、クンニ、ペロペーロとかするさ。

……

仲里　（TVのバラエティ番組を見ながら）これぜったい、パイパンど。きゃりーぱみゅぱみゅ。絶対、だーる［そうだよ］。

——　見たらわかるんですか。

仲里　うん、剛力彩芽《ごうりきあやめ》は、あれはぜったい剛毛やんばー［なはずよ］。

――名前じゃないですか（笑）。きゃりーぱみゅぱみゅは、音の感じじゃないですか。

仲里　ぱみゅパンよ。剛力彩芽、まじ、剛毛じゃないかな。

このようなどうしようもない話や、地元の人間にまつわるうわさ話、かつての武勇伝なども聞かせてもらいながら、私は調査を進めてきた。生活をともにすることで見えてくること、教えてもらうことも、調査を進める上で大事なことだと考えたためだ。

仲里と出会った二〇一二年頃、彼はマンスリーアパートに住んでいた。家賃を数カ月にわたって滞納しているようで、「そろそろ追い出される気配がする」と言っていた。彼は金遣いが荒く、常に金欠状態だった。いつもおごってもらってばかりだったが、所持金があるときは後先考えずに、参加者全員分の飲食代を出すからだ。家賃を大家に支

1――社会学者には、アンケートなどを用いて量的に社会調査をする人たちと、参与観察やインタビューなどによって質的に調べる人たちがいる。後者の場合、いずれも調査場面で感じたことなど、数値化できないデータを収集する。その際、参与観察では調査地で実際に体験したことの記録を通じて、インタビューでは調査対象者に直接話を聞いた記録を通じて、こうしたデータ化を行う。両者はともに質的調査法と呼ばれるが、体験することと話を聞くことはまるで別物で、私は話を聞くのが苦手である。

払うために封筒に入れてベッド脇に準備していても、夜になると「金は天下のまわりものよ、パーッと飲みに行こうぜ、打越。今日は俺のおごりよ」と言い放ち、中部で一番の繁華街である中の町に向かった。私も彼におごったり、おごられたりするメンバーのひとりとして、仲里によくしてもらっていた。

「電話代がおそろしかった」

調査のために私が沖縄に滞在している八月以外にも、仲里はよく電話をかけてきた。広島にいる私に対し、近況報告から、いつもの下世話な話まで、あらゆることを話してくれた。私は私で当時離れて暮らしていた自分の家族のことを相談した。

仲里　そういえば、(出て行った) 奥さんはどうなった?
――　実家に帰りましたよ、子どもと。
仲里　連絡とってる?
――　連絡は、一応とれます。
仲里　子どもは?
――　時々は、会ってます。
仲里　まだいいさ、子ども会わしてくれるんで、それで納得してるんだったら。

——いやあ、けど先月ぐらい、まあよく泣きましたねえ（笑）。

仲里　そりゃ泣くだろ。俺も離婚して、一年くらいはうつ病みたいだった。ちょっと、ずっと頭の中にそればっかし、もういま（子どもは）何やってるかなー、いま何やってんのかなーって、電話代がすさまじかったからな。電話かけて、子どもに代われーって。子どもに代わっても、きりたくないさ。会いたいけど会えんさ、二時間とか、三時間とかしゃべったりして、電話代がおそろしかった。

私が家族と別居していたとき、仲里に電話すると、「打越もこれで、うちなーんちゅ（沖縄の人）、なれるさ」と励ましてくれた。離婚率の高い沖縄ならではの励ましだった。仲里と仲のいい太一と慶太も一緒にいたらしく、「おまえの気持ちはわかるよ、がんばろうな」と言葉をかけてくれた。仲里と太一は離婚経験があった。彼らは妻子と離れて住むことになったけれど、そのキツさを何とか乗り越えたと、自らの経験を話してくれ、私を励ましてくれた。

## あまりに日常的な暴力

二〇一二年の夏、私は仲里が住むマンスリーアパートに入り浸りながら調査をすすめていた。このアパートは彼らのたまり場で、太一も同居していた。毎日のように顔を出す私を、彼らは受け入れてくれ、なにくれとなく声をかけてくれた。

仲里　俺もあれだわけよ。俺とこの前の奥さんとの出会いってよ、奥さんが俺に惚れて、ぞっこんで、俺、昔あれだったわけ。マシンスロットきちがいだったわけ。

――おーおー。

仲里　あれに恐ろしいくらいはまってしまって、で、仕事も行かんくなって、ずっとマシン屋（パチンコ店）行って、それでも（奥さんは）逃げなかったの。だから、ちょっと調子こいてた部分があったわけよ。俺が何やっても逃げないわーって、仕事もやらんで、ずーっと一年とか、一年くらい続いて、奥さんに食わしてもらってる状態さ。

――奥さん、何してたんですか？

仲里　あれ、飲み屋（キャバクラ）。

――（仲里に向かって）バカ野郎ですね（笑）。

仲里　バカ野郎の極《きわ》みさ。下衆《げす》の極みさ。で、奥さんが働いている給料から（お金を抜いて）、スロットに行って、また。

――これ以上ひどいことないってくらいのバカ野郎ですよ（笑）。

仲里　そう。だから、離婚するってなったときに（自分がやばいということに）気づいたわけ。

彼らはおもしろくて、人間味のある若者だった。その一方で仲里は、当時の妻が稼いだ生活資金を奪い、スロットに注ぎ込んでいた。電話で励ましてくれた太一は、妻へのDVが原因で離婚し、仲里のアパートに居候していた。慶太も、つき合っていた彼女に暴行をはたらき、罰金刑を受けた過去があった。おもしろく、やさしい彼らは、女性たちから生活資金を奪い、暴力をふるってもいた。もちろん、そうした彼らの略奪や暴力を正当化することはできない。

彼らにとって暴力沙汰は珍しいことではなかった。仕事の現場で何かあると先輩はすぐに後輩を殴りつけ、同じ地元グループのメンバーでも、そうしたことが頻繁にあった。こんなにも暴力が日常にあふれているのはなぜか。

それは個人の人格によっても、あるいは「男らしくあれ」という周囲からの圧力によっても、十分には説明できない。彼らとともに過ごすなかで、彼らが生きる地元社会の仕組みが深く影を落としていることを私は強く感じてきた。だから私は、後輩や女性たちに手を上げる男たちだけでなく、おもに地元つながりを通じて彼らとともに生きる人々をも含めて、どのような困難に直面しているのかを知らなくてはならないと思った。その探究が本書の主題である。

＊

沖縄の暴走族やヤンキーの調査を私が始めたのは二〇〇七年のことだ。その頃、ゴーパチ（国道五八号線）にいた若者たちは、二〇一七年にはサラ金の回収業、金融屋の経営、スロットの代打ち、性風俗店の経営、ボーイ、型枠解体業、鳶《とび》、塗装、左官、彫師、バイク屋、ホスト、キャバクラ嬢、弁当屋、主婦になっていた。なかには「シャブ中（覚せい剤依存症）」で消息不明になったり、内地の刑務所に収監された若者もいた。彼らが就いた仕事も、生活スタイルも実にさまざまだが、その大半が過酷だ。こうした中で、彼らはどのように沖縄を生き抜いてきたのだろうか。

この本には暴走族や、元暴走族が登場する。生きていくために建設業や風俗経営、ヤミ仕事に就いた若者たちが登場する。いわゆる下層の若者たちだ。一〇年近く彼らとつき合ってきた、あるいは、つき合ってもらったその記録が、この本だ。

第一章

# 暴走族少年らとの出会い

## 1　広島から沖縄へ

### 「メンバーにしてください」

二〇〇二年、広島市。沖縄で暴走族やヤンキーの若者たちの調査を始める前に、私は広島市の暴走族の調査を行っていた。調査といっても、それは夜の繁華街に通って、そこにいる暴走族の少年たちに声をかけて、彼らの活動に参加させてもらう参与観察によるものだった。

手始めに私は繁華街で、「暴走族やそこで活動する皆さんに興味があるので、メンバーにしてください」と、暴走族の少年に頼み込んだ。

――すいません、暴走族に興味があってメンバーにしてほしいんですけど……。

少年A　だめ！

（その他のメンバーは笑う）

――（少年Aに対し）なんで、だめなんですか？

少年A　どうしてもだめ！

――はー、そうですか。（集会には）できるだけ参加しますし、決まりも守りますけど、だめですか？

（沈黙）

少年B　おもろいじゃん。

少年C　ええじゃん、やらせてみようや。

（沈黙）

――だめですか？

少年A　だめに決まっとるじゃろうが、年（が違うけん）よのー。ええかげんにせーよ、われ！

――すいません。


最初に声をかけた暴走族の少年には、このように断られた。私が専門とする社会学では、佐藤郁哉《いくや》氏の『暴走族のエスノグラフィー』という有名な著作がある。佐藤氏は一九八三年の京都で、ある暴走族をカメラマンとして取材していた（佐藤　一九八四）。カメラマンというのが絶妙なポジションだと思った。重要な場面には同行でき、一番いいポジションで記録でき、しかも触法行為に加わることはない。一定の距離感を保てるポジションである。私もカメラマンとして暴走族の少年らと活動をともにしようと試みた。しかし、いつの間にか私は暴走族のパシリになっていた。[2]

## 駐車場で飲み明かす

一九九八年、私は大学進学を機に、沖縄での生活をはじめた。
ある日、友人たちと夜遅くまでドライブを楽しみ、大学構内の駐車場で解散となった。バイクのカギを持ち、私の原付バイクに近づくと、不良少年たちが酒盛りをしていた。一人は私のバイクにまたがっていた。私の友人は既にその場を去っていたため、私はこのバイクに乗らないと帰宅できなかった。困った。

勇気を出して、「あっ、すいません」と声をかけ、バイクにカギをさそうとした。またがっていた少年が、「このバイク、お兄さんの？」と声をかけてきた。「そうなんですよ、せっかく盛り上がってるのに邪魔しちゃってごめんね」と返事をし、その場を立ち去ろうとした。すると、別の少年が「兄さんも一緒に飲まない？」と誘ってくれた。それは冷やかしでもなく、こちらを試している感じでもなかった。私はその輪に加わることにした。

彼らと同じように私も地べたに座って乾杯した。彼らは近所の中学校の卒業生だった。既仲間の一人が高校を辞めようとしていて、友だち全員に緊急の集合をかけたという。既に学校を中退して働いている者もいたが、そこにいた全員が高校を辞めないよう説得していた。とはいえ、口々に学校はつまらないと不平を鳴らしていたのだが。空が白み始めたころ、ようやく私たちは解散したのだった。

その後、何度かその駐車場に足を運んだが、彼らと再び会うことはなかった。あの夜のことは、二〇年近くたった今も鮮明に覚えている。

私は一〇代の頃、教師になりたかった。大学へ進学したのも、そのためだった。大学構内の夜の駐車場で不良少年たちと朝まで飲み明かしたとき、初めて知ったことがある。それは、大学も高校も、彼らにとっては、一部の人間のためにつくられた場所で、しらけた出来レースが展開される場所でしかない、ということだった。そんなふうに学校を見たことがなかった私は、自分の無知を嫌というほど思い知らされた。私の両親は公務員で、私は何不自由なく生活できる環境に守られていた。だから私は、二十歳《はたち》になるまで、学校がそのような場であることを知らないままだった。そのことが恥ずかしくてたまらなかった。

その後、私は大学院に進学した。学べば学ぶほど、何かを話したり書いたりすることが怖くなっていった。特に沖縄について議論をするとき、私の恐れは強まった。内地の恵まれた家庭に育った私が、自分の限られた経験や知識をもとに沖縄を語ったとき、な

2――広島市内でパシリとして調査をするにいたった経緯は「暴走族のパシリになる――「分厚い記述」から「隙のある調査者による記述」へ」（打越　二〇一六。『最強の社会調査入門』ナカニシヤ出版、二〇一六に所収）が詳しい。初めての調査で、気づいたら取調室にいたという、「ミイラ取りがミイラになる」エピソードを取り上げてもいる。

にか間違ったことを言ってしまったらどうしようと恐れた。「ないちゃー［本土の人］に、ボンボンになにがわかるのか」と自問自答し、ますます行き詰まっていった。

そうした時間が数年続くうち、わからないなら、わかる人に話を聞かなければなにも始まらない、と思うようになった。話を聞かせてもらうには、相手に失礼のないよう信頼関係を築かなくてはならない。そのための方法が、私にとっては参与観察だった。

沖縄の暴走族やヤンキーを調査対象にしたのは、あの日に彼らが見せてくれた世界がとても「魅力的」だったからだ。もちろん、沖縄の中卒者、高校中退者には、きびしい現実が待ち受けている。それは本人だけの責任でもなければ、沖縄県だけの責任でもない。これまで沖縄は、想像をはるかに超える負担を押しつけられてきた。その象徴が、沖縄の米軍基地だ。日本の米軍基地の約七割がこの地に集中している。そのことも、沖縄の暴走族やヤンキーが直面するシビアな現実と無関係ではない。だから私は、彼らの世界をもっと知りたいと願いながら、こうした視点を失ってはならないと自分に言い聞かせてきた。

## 暴走族のパシリになる

私は広島市で暴走族少年らへの調査を進めるなかで、次第に暴走族のパシリとなっていった。パシリとは「使い走り」のことで、おにぎりの買い出しなど、先輩たちの指示を忠実に実行する役割である。五〇円玉一枚で三人分の牛丼を買って帰るよう、一〇代の暴走族リーダーの少年に言いつけられたこともあった。

**リーダー**　これ（五〇円玉）で（牛丼を三つ）買ってきて。
――ぜんぜん足らないっすよ。
**リーダー**　あとで払うから。
――お願いしますよ。
……
（結局、追加で一〇〇円しかもらえなかった）
――一個五〇円になってるじゃないですか（笑）。
**リーダー**　打越、大人なのにお金にうるさいなー。

普段はパシリとしてこき使うのに、支払いのときだけ大人扱いされた。当時は、パシリとしての役割をまっとうしようと気負っていたので、おにぎりを買う際には少し高めの、鮭と昆布のおにぎりを買って行った。リーダーの少年に渡すと、「なんでツナでないのか」とみんなの前で叱責された。この暴走族チームではツナが定番となっていたのだ。リーダーは、ツナを人数分買ってくるのが常識だと、他のメンバーの前で私のことを叱り飛ばした。深夜に暴走する彼らに、非常識だと叱られた。

ある週末のこと、暴走族のリーダーの少年が、「俺、最近警察に目をつけられている
から、そろそろ補導されそうな予感がする」と話してくれた。私はその日、リーダーの
少年に時間を割いて、話を聞いた。来週にも補導されるおそれがあったからだ。すると、
帰り際になって、次期リーダー候補の後輩グループから、ビルの裏手に呼び出された。

**後輩**　おまえ調子にのっとんか。二度と来るな。（自分らが）ＯＢなっても後輩の代
になっても来るな。おまえ、リーダーにばっかり話聞いて、俺らには聞かんのんか。

――そんなことじゃなくて、リーダーが捕まるかもしれないって聞いたから。

**後輩**　黙れや。今まで録ったテープも使うなよ。使ったら許さんけえの。

――はー。

**後輩**　おまえ、いい気になるなよ。

後輩たちは自分たちが無視されたと感じたようで、私はビルの裏でこのように責めら
れた。その後、リーダーの少年は補導され、それを機に私は、このグループの集まりに
は参加しなくなった。それから数カ月たったある週末のこと、いつものように繁華街で
他の暴走族の取材をしていると、私に出入り禁止を言い渡したあの後輩から電話がかか

ってきた。

**後輩**　おい、打越、おまえ、いまどこなあ。

――　おおー、よかった。おまえ、花買ってきてくれんか？

**後輩**　（広島）市内にいますよ。

――　おお、どしたん？

**後輩**　今日、先輩の引退式なのに、花買うの忘れて困っとるんよ。

――　でも、おれ、出入り禁止なのに大丈夫？

**後輩**　ええわいや、そんなこともう忘れたわ。

――　おっ、マジで？　なら来週からまた通ってええ？

**後輩**　ええ、ええ、好きにせえ。花買って来いよ。

――　わかった、ええの買うて持ってくけん、待っといて。

私の出入り禁止もとけて、翌週から再びこの暴走族で行動をともにすることができた。禁じられていた録音データの使用も認められた。

その後も、ことあるごとに、私の〝非常識ぶり〟は、みんなの前で暴露されることになった。中でも、ビルの裏に連れて行かれて私がビビった表情をしていたこと、取材中に私服警官に連行され取調室で事情聴取を受けたことは定番のネタで、後輩たちの前で何度も披露された。こうした経験を通じて私は、パシリとして調査を進めることは、自分に合っていると考えるようになった。パシリとして失敗をしても、それがきっかけとなって、彼らとより深くかかわる契機になり得ると気がついたのである。広島市でのこうした経験を経て、二〇〇七年に私は沖縄へ向かった。沖縄で出会った不良少年たちのことが忘れられなかった。なにより、彼らの現実から沖縄を考えなければ、先に進めない。そう思った。

## 響き渡る爆音——沖縄調査一日目

二〇〇七年六月二一日、私は沖縄での調査を始めた。那覇市内のゲストハウスに拠点を据えた。フィールドワークをすすめるために、まずは移動手段として原付バイクをレンタルショップで手配した。メモ用紙、ボールペン、ICレコーダー、デジタルカメラ、パソコンをリュックサックに詰め込んで、原付バイクにまたがって調査に出発した。夜の一一時を回っていた。

目的地は沖縄の幹線道路であるゴーパチ（国道五八号線）だ。ゴーパチに近づくにつれて、遠くでかすかに聞こえていたバイクのエンジン音が徐々に大きくなる。ゴーパチに出ると、さっそく暴走族グループに遭遇した。ちょうど彼らは暴走中だった。彼らは排気音が爆音となるように改造されたバイクに二人ずつ乗り、公道を徐行運転していた。後ろから後輩たちが小型バイクで追走する。爆音は夜の街に響き渡った。私は一般人を装って追走し、彼らが休憩するときに話を聞くことにした。すると、後方から別の暴走族がエンジンをふかしながら近づいてきた。抗争などのトラブルに発展しそうだと思い、それまで以上に一般人を装って距離をとった。

先を走っていた暴走族が信号に引っかかり、後ろの暴走族との距離がどんどん縮まる。初日から暴走族同士の抗争に遭遇するのかと思い、あせった。とうとう、ある交差点で、後続の暴走族が前を走る暴走族に追いついた。なにもないことを祈るしかなかった。

が、抗争は起こらなかった。それどころか、二つの暴走族は合流して一緒に走り出した。たまたま友好関係にあったのだと私は考えた。やがて、目の前の一団が、その前を走る別の暴走族に徐々に近づいていく。今度こそ抗争になると再び緊張した。

しかし今度もなにも起こらず、二つの集団は合流して一緒に走り出す。一晩、行動をともにして、沖縄の暴走族はゴーパチ[3]で一緒に走るスタイルであることがわかった。彼らの間でこれは暴走ではなく、ツーリングと呼ばれ、異なる暴走族が途中から加わったり、下の世代がＶ１００やＶ１２５といわれる（暴走族仕様ではない）小型バイクで追走したりするのが通例となっていた。それは気軽にバイクで走ったり、改造したバイクを互いに披露しあう交流の機会であった。

この頃の沖縄には、離島やへき地、私立を除くほとんどの中学に、それぞれ暴走族があった。彼らは、マフラーやシートを改造した大型バイクに二人乗りしてゴーパチにむかう。大型バイクを運転するのは地元のリーダー格の先輩で、その後ろに乗って、(小売店の店頭にあるのぼりを失敬し、旗の部分を取り除いた)スティックを振り回すのが中堅のメンバーである。後輩たちは小型バイクに乗って、先輩たちのバイクを追走する。後ろから追突してくるパトカーを防ぐのが主たる役割であった。

このように役割分担をしていたので、一つの暴走族は少なくとも五人、多い時には一〇人を超えていた。小型バイクの運転ができない一五歳以下の少年は小型バイクの後部座席にまたがった。そして一六歳になると小型バイクを運転し、その後は大型バイクの後部座席、やがて大型バイクの運転手と、年齢に応じてそのポジションも変わっていく。

## ゴーパチという舞台

二十歳すぎの地元の先輩たちはギャラリーとして見物し、後輩たちの暴走に「気合が入ってない」と判断すると、自ら一一〇番して警察を呼びつけて、その場を盛り上げようとした。後輩たちは、警察の検問を強行突破したり、追走してくるパトカーに対して小回りのきくバイクで逃げ回ったり、公道を逆走したりした。こうした様子を一目でも見ようと、平日なら五〇人前後、週末なら一〇〇人以上のギャラリーが集まってきていた。

国道を暴走する彼らは、ゴーパチという舞台の主役だった。警官たちはそれを盛り立てる脇役で、多くのギャラリーはその追走劇に興奮した。ギャラリーの男女比は七対三程度だった。時に暴走族少年らはパトカーに追突され、捕まった。パトカーに押し込まれた彼らは、警官に激しい暴行を受けた。取調室でも、顔以外の部位に殴る蹴るなどの暴行を受けた。それは違法な取り締まりだから弁護士へ一緒に相談に行こうと私が提案しても、彼らはその不法行為を訴えようとはしなかった。

私の感覚では、日本の法律は国内ならどこでも一律に適用されるものだ。だが、暴走族の少年たちにとっては、そうではなかった。地元は彼らの領分であり、先輩が正しい。他方で、パトカーの車内や取調室は相手の領分で、殴られても仕方がないと彼らは考えていた。地元の論理と警察の論理がぶつかり合うのが、ゴーパチだった。[4]そこは地元の中学生が一人前の暴走族としてデビューする場所でもあった。地元の先輩たちはそんな彼らを見守った。自分が現役だったときと比べて「気合が入ってない」と活を入れるこ

3——ここで言う「ツーリング」とは、暴走族を引退した若者によって結成された旧車會《きゅうしゃかい》というグループを中心にして、平日の夜や週末の日中にバイクを運転して楽しむことを指す。暴走行為と異なり、ツーリングでは服装もカジュアルで、交通法規もほぼ順守されていた。

とが多いが、ごくまれに「最近の若いのはやるな」と評価することもある。運転技術に磨きをかけた少年たちがパトカーと張り合い、警察を翻弄することもあれば、ハンドル操作を誤って痛い目に遭うこともあった。そうした出来事を、時に一〇〇人以上のギャラリーと共有できる空間、それが当時のゴーパチだった。

## 卑猥なうちなーぐち

沖縄の暴走族やヤンキーの調査を始めて間もない頃、複数の暴走族や追走する少年たちを追いかけていると、ある集団が休憩のためにコンビニ前に止まった。思い切って私は、二十歳前後の五人組に声をかけてみた。

――東京から取材に来たんですけど、少し話聞かせてもらえないですか?

少年　『チャンプロード』(暴走族専門雑誌)?

――『チャンプロード』ではなくて、学生なんだけど、ダメですか?

少年　なんだ。何の話聞くの?

――仕事の話とか、将来のこととか、教えてほしいんですが。もしよかったら、グループに入れてもらえんですか。

暴走族雑誌の記者ではなくて、内地から来た「学生（大学院生）」であることを伝えると、彼らのテンションは下がったようだった。

少年　お兄さん、内地の人？
――うん、東京から来たけど、生まれは広島です。
少年　だったら、まずは方言覚えんと。
――おー、教えてよ。
少年　「わんねー、ほーみーしーぶさっさー」ってわかる？

4――調査開始より五年前の二〇〇二年の新聞記事には、暴走族だけでなくギャラリー（記事では「期待族」と表記）も、警察と激しく衝突し、警察を追い返したことが報じられている。以下引用する。
「【沖縄】二十四日午前四時半ごろ、沖縄市〇〇の路上で、暴走行為取り締まり中の沖縄署のパトカーが期待族約百人に囲まれ、追跡中の暴走族二人が逃走する事件が起きた。（略）／同署によると、暴走行為を繰り返していた約五台のオートバイのうち、二人乗りの一台が急減速し、取り締まり中のパトカーに接触して転倒。暴走族の身柄を確保しようと署員がパトカーを降りた際、周辺にいた期待族約百人がパトカーを囲み、罵声を浴びせ、立ちふさがり捜査を妨害した。署員らは身に危険を感じ、やむなく現場から離れたという。」（「琉球新報」二〇〇二年三月二五日付）。

1－1

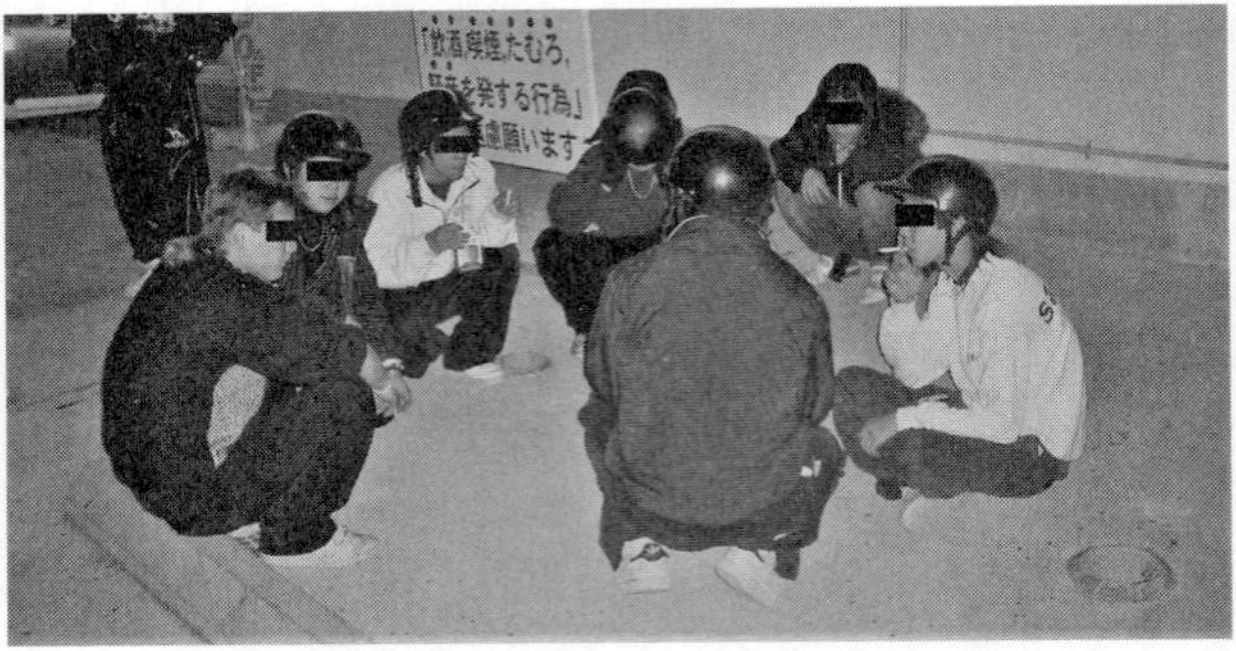


コンビニ前でたむろする少年たち

―― なんて意味？

少年 「沖縄の人は良い人で、幸せをありがとう」って意味だから、女の人に会ったら使ってよ。

―― おおー、いいねえー。教えてくれて、ありがとう。

話が弾んでいるように思われるかもしれないが、実際はぎこちないやり取りだった。少ししてから五人組の一人が、「さっきの方言は「エッチなことをしよう」って意味だから、使っちゃだめだよ」と教えてくれた。この五人組からは、「ホーミー［女性器］」とか「しかす［ナンパする］」といったうちなーぐち［沖縄方言］を教わった。

暴走族の若者たちは、私のことを警戒していた。内地の大学生が、暴走族の取材に、わざわざ沖縄まで来ているというだけでも十分怪しいが、彼らは私のことを私服警官かもしれないと疑っていた。当時、暴走族の見物をしようとゴーパチに集まってきたのは一〇代から二〇代前半の若者たちだった。二〇代後半の私がそこにいれば当然、目立ってしまう。しかも、私を除けばそこにいる大人は私服警官だけだった。疑われても仕方のない状況だった。

私服警官かもしれないと警戒されていた私は、コンビニで休憩する暴走族少年たちに声をかけても、地元や年齢といったことしか聞けず、そんなことを聞いてくるのは私服警官ぐらいだったから、調査はますます難航した。

## 2　拓哉との出会い

調査初日に声をかけた若者の一人が、「沖縄嫌い、人も嫌い」と吐き捨てるように言った拓哉だった。彼とは他の日にも会うことができ、調査に四苦八苦するなかで最初に良好な関係を築けた数少ない相手だった。人懐っこい性格の拓哉と一緒に行動することが増えていった。

ある日、拓哉は暴走族仕様のバイクにまたがってゴーパチへ繰り出した。私が原付で追走すると、「打越、おもしろいなあ。ついてこれないと思ったら、ついてきてるじゃん」といって、喜んでくれた。他のグループの多くは、私が原付で追走すると、恥ずかしいといって距離をとるなか、拓哉だけはおもしろがってくれた。
那覇や宜野湾《ぎのわん》のコンビニで座り込んでいる男の子や女の子に私が取材をしていると、拓哉が「なに、しかしてる［ナンパしてる］?」と割り込んでくることがあった。「しかしてるんじゃなくて、取材だ」と説明したが、わかってもらえなかった。

「すぐにでも結婚したい」

別の日に拓哉から電話がかかってきて、「打越、いま北谷《ちゃたん》だけど、しかせる［ナンパできる］女の子たくさんいるから早く来い」という。しかしてるわけではないと説明しても理解してもらえないので、とりあえず北谷に向かうと、観光客の女性たちを、彼がナンパしたところだった。女性たちと話しているところに私も入れられ、会話が途切れると、「打越、がんばれよ」と励まされた。女性たちと別れ、二人きりになると、これまで過ごしてきた地元のことを聞かせてくれた。

拓哉　今すぐにでも結婚したい。寂しい。一人（でいること）が嫌。四、五人くらい子ども（が欲しい）。中一のときに両親、離婚した。親父は酒飲んで、仕事（大工）行かない。手も出す。変なイメージしかない。酒しか飲んでない。今でも話、しようと思わない。だから（つい）反抗してしまう。家には、おとーと、おばーと、三人で住んでる。年上のきょうだいが三人いるけど、三人とも連絡ない。

……

拓哉　地元だと、先生・警察より先輩が怖い。上の世代はやばかったみたい。昔はすごかったってよ。いじめもあったし。中学は、学年で一〇人くらい。幼稚園から中学までの一〇年、一緒のクラス。あわんかった。○○高に入ったけど、（同じ）中学から（進学したのが、俺）一人で。（中学の）同窓会行くけどおもしろくない。上の世代ともおもしろくない。シカトされたり、見てないふりしたり（されるから）。

彼にとって家族との暮らしは落ち着けるものではなかった。家にいると、ことあるごとに父親と衝突した。きょうだいもバラバラに住んでいた。学校も雰囲気があわず、高校に進学したがなじめなかった。高校卒業後に就職したが長続きせず、仕事を転々としてきた。

拓哉　仕事がんばってるつもりなのに、やる気なしと言われるとむかつく。しょっちゅうこんな、（離島で働いてたとき）やる気ないって言われて、離島手当てカットされた。離島では、畑のビニールハウスを作ってた。初めての仕事で、わからなかっただけで、やる気ないって言われた。けど、同じ仕事の先輩がお酒おごってくれて、チューハイ飲んでた。「あんな言われてるけど、辞めんなよー」って、「おまえ辞めたら、近い年いないから、へんな［職場の雰囲気が悪くなる］どー」ってから（励ましてくれた）。

やがて彼は、地元のヤンキーの先輩たちとつき合うようになった。先輩たちからは、地元の集会所で行われるエイサーの練習に無理やり参加させられた。エイサーというのは、沖縄の伝統舞踊の一つで、その主な活動場所は地元の公民館であった。[5]

拓哉　エイサーは強制だから、エイサーも嫌。（練習）こなかったら、死なされる［暴行を受ける］。先輩、威張ってるのが一番嫌い。（エイサー）我慢してやった。（お酒の）コールは嫌い、ゆっくり話しながら飲みたい。すぐ、つぶれるし……。

拓哉にとって、地元のヤンキーグループも居心地のいいものではなかった。エイサーを無理強いされるのが面倒だった。そして地元を出た。

## 「名護はいいけど地元は嫌」

拓哉　一人で（バイクで）走って、こっち（中南部）で友だち欲しかった。目立ってると、先輩に因縁つけられるから。俺の年代で、俺が一番目立ってた。無免でバイク乗ってたし……。地元でうるさいとき、（全て）自分のせいにされた。

――バイクはいつまで（乗るの）？

拓哉　ずっとでしょ。死ぬまで。今は乗りたい。暴走族のバイク乗ってたら、先輩（五歳ほど上）がけちつけてくる。ケンカしたくないのに。痛いだけさ。この前、コンビニでたまたま（先輩たちに）会って、「ちょっとこっち来い」って言われて、やばいと思って行くふりして逃げた（笑）。地元（の人）は心が狭い。考え方が幼い、幼稚。ずっと根にもつし……。だから、ここ（浦添《うらそえ》）で働いているわけよ。北部、楽しくない、名護《なご》はいいけど地元は嫌。同じバイクでも評価が違う。（バイクにデザインされた）二本線見て、地元では「だっさー」ってなるのに、名護では「（かっこ）いいやんにー」ってなる。名護の人はやさしいよ。

5――拓哉の地元のように、ヤンキーの若者がエイサー青年団に参加するのは珍しいケースであった。ヤンキーの若者が青年団に参加しないのは、学校に通う同世代の若者との接点がほとんどないこと、定期的な練習に参加できないことが主な理由であった。ごくまれに、旧盆当日に飛び入りで参加する場合もあるが、それは機転を利かして踊ることが求められるチョンダラー（エイサーでの道化役）や、トラブル回避のための用心棒役として駆り出されるケースであった。

彼は、北部の中心都市である名護で、自分のバイクを評価してくれる同世代と出会った。これをきっかけに、バイクを楽しむ仲間を中南部にも広げていった。彼にとって、地元のヤンキーの先輩らとつき合うよりも、中南部で出会った同世代の仲間たちと、毎晩行われるツーリングに参加する方が魅力的だった。

出身中学ごとに暴走族がつくられ、そのつながりはそれぞれ強かったものの、地元意識の強い暴走族が互いに抗争を繰り返すような、排他的なものではなかった。前に触れたように当時のゴーパチは、沖縄の暴走族の若者たちが毎晩集う場所になっていた。ともに暴走を楽しみ、暴走族デビュー前の一〇代の少年たちが小型バイクで彼らを追走する。各所から集まってきたギャラリーがその場を盛り上げた。

ゴーパチには、拓哉のように一人か少人数で見物する若者がたくさんいた。彼ら彼女

らは、見物するだけでなく、自ら小型バイクに乗ってバイクの群れに合流し、深夜のゴーパチを楽しんだ。そして彼のように、そこに集った同世代に声をかけて交友関係を築く若者もいた。当時のゴーパチは、沖縄中の非行少年・少女にとって魅力的な場所になっていた。年齢の上下がものをいう世代間秩序がしかれた地元社会とは対照的に、ゴーパチでは地元や世代間の秩序を超えたつながりが作り上げられていた。ゴーパチは、孤立する若者たちのたまり場でもあった。

拓哉にとって沖縄の地元社会は、相互に助け合うつながりとしての「ゆいまーる」とは対極的な過酷なものだった。当時、彼の地元ではリゾート地としての開発計画が頓挫し、廃墟ビルが残された。沖縄を象徴するものとして描かれがちな、ゆいまーるもリゾート地も、彼が生きる世界には存在しないに等しかった。

## はじめての土地で彼女をつくる

拓哉は、生活や仕事の場を、地元から名護やゴーパチへと移す過程で、女の子をナンパすることを覚えた。それは、彼が新しい世界に適応するなかで身につけたことだった。

**拓哉**　つぶれかけたこと何回もある。

――　そんな時どうするの？

拓哉　何もしない、（そのとき）いなぐー［彼女］がいたら、いなぐーと会う。だから、いなぐーいないときはきつい。俺、ナンパとかする人じゃなかったんだよ。「遊んでそう」って言われるのが嫌。実際違うから。出会いがない。昔の名護の友だちとつるむようになってから、ナンパはしだした。

彼はひとりで名護に飛び込んでいった。そこでさまざまな困難にぶつかったときに、話を聞いてくれる彼女はおらず、精神的なきつさをひとりで抱え込むしかなかった。逃げるように飛び出した地元に再び帰ることはできなかった。そこで彼は、気の合う名護の仲間たちとナンパをして彼女をつくることを覚えた。生活環境が大きく変わり、新しい仕事に適応するなかで、彼が身につけたことの一つであった。

――今までつき合ってきた人はどんな人？

拓哉　地元の友だちの紹介。一カ月内地で働いて、いなぐー［彼女］とつき合うため帰ってきた。けど、あっちからふられた、俺は今まで（女の子を）ふったことないよ。（その子のことは）忘れられない。（新しい彼女とその人を）比べてしまうときがある。今は連絡とってない、（今はその彼女には）彼氏がいる。忘れようとするけど、絶対忘れない。ほんとに好きな人は、だんだん好きになる。つき合うのは、寂しさを紛らわすため。誰かそばにいて欲しい。

……

**拓哉**　（女の人とは）遊びたくない、それなら（女の人に）遊ばれる方がいい。（俺のなかには）浮気はない。どこにでも、いなぐーと行きたい。かわいかったら、自分のいなぐー（を知り合いに）自慢したいさ。「かわいいだろう」って。高校のときの彼女が忘れられない。（今は）彼女は一年以上いない。（エッチは）やれるんだったら、やるけど、好きな子（とするの）が一番好き。

……

**拓哉**　沖縄の曲が好きで、俺、三線《さんしん》ひけるってば。音楽は、いなぐーが好きって言ったら、（それに）あわせる。

## ナンパをする理由

拓哉は、やんばるで生まれ育った。やんばるとは、沖縄県の北部地区のことで、その中心地である名護は、那覇から五〇キロほど離れたところにある。雇用環境が厳しい地域だ。拓哉は、名護からも離れたところにある集落で生まれ育った。彼は女遊びも浮気もしないと言い、地元で紹介されてつき合った彼女のことが今でも忘れられないと話してくれた。

地元にいたときにはナンパをしたことがなかった。いつもつるんでいるメンバーの誰かとつき合うか、メンバーに紹介してもらって交際するケースが大半だった。いったん別れた後、再びその彼女とつき合うこともよくあった。誰が誰とつき合っているかは、周囲の誰もが知っていた。つき合う相手がいないときは、そのことをみんなが知っているため、交際相手を積極的に紹介してくれた。だから、ナンパをする必要はなかった。

拓哉はその地元を後にして、名護に出てきた。地元で培った人間関係は切れてしまった。そのため、女性とのつき合い方や彼女をつくる方法も変えざるをえなくなった。名護や中南部の中心街では、自分から積極的に声をかけていかないと、彼女はできなかった。拓哉の場合、ひとりで名護に出てきたので、当初は同性の友だちもおらず、紹介してもらう見込みもなかっただろう。こうした環境変化に適応するために、彼は名護の同世代の若者とつるむようになって、ナンパをすることで彼女をつくることを教わった。仕事を失ったり、地元の先輩とトラブルになったり、孤独に襲われたりしたとき、拓哉は彼女と一緒に過ごすことで乗り切ってきた。

頼る相手もおらず、ひとりで生活や仕事の場を変えなくてはならないなかで、彼女の存在はとても大きいものだった。彼は「マンコー、二カ月くってない（セックスをしていない）。（実家の庭の）マンゴーは二年食ってない。木があるけど実らない」と冗談を口にした。実家のマンゴーは誰も世話をしておらず、いまも実っていない。彼は家にも帰れず、頼れる交際相手もこのときはいなかった。

拓哉の生活の風景には、リゾート地の廃墟ビル、実らないマンゴーがあり、ゆいまーるとは程遠い地元の先輩との過酷な関係があった。沖縄らしくない風景であっても、まちがいなく現在の沖縄を形作っていることを、私は彼から教わった。

## 3　警官とやり合う

### 職務質問を受ける

私は自分のことを、暴走族やヤンキーの若者に覚えてもらうために、毎日同じジャンパーを着て取材に出かけた。しかし、私のことを先に覚えたのは警察のほうで、「あなた、いつもいるよねえ」と声をかけられるようになった。「取材で来ています」と伝えたが、「県条例（青少年の深夜はいかい等を規制する条例）もあるから捕まえるよ」と脅された。そうやって何度も免許証の提示を求められるので、「そちらも警察手帳を見せてください」と、私もまた警官に同じことを求めるようになった。

警官　免許、見せてくれるかなあ。

――まずは警察手帳を見せるのが先じゃないですか。

警官　（しぶしぶ、見せる）いいですか。
――メモるから待ってよ。○○署の○○さんね。
警官　免許見せて。
――（相手に渡さずに、手で持つ）はい。
警官　ちょっと貸してくれる？
――貸すのはできないんじゃない？　ちゃんと手続き通りにすすめないとまずいよ。
警官　はい、ご協力いただき、ありがとうございました。

このように職務質問を受けている様子は、取材対象となっている少年たちには面白かったようだ。私のことを私服警官だとうわさしていた彼らからすると、制服の警官が私服の警官に職務質問をする構図となっていた。ただそれも数回繰り返されると、警察がそこまで手の込んだことはしないだろうと考えたようで、私が私服警官ではないかという疑いは晴れた。

職務質問は、かれこれ一〇回は受けたはずだ。調査相手にもらった暴走族仕様のステッカーをバイクに貼り付けてからは、運転中に警官に止められることが増えた。

職務質問で警官ともめると、暴走族の少年たちと関係を築くチャンスになると知った私は、調子に乗って、職務質問をする警官に積極的に絡んでいくようになった。初めてのコンビニで初対面の若者に取材をする際などに職務質問されると、「よし（自分が警察でないことを証明し、調査できるいい機会が）きた」と考え、警官とやりあう姿を彼らにみせつけるようにした。

そんなことを繰り返すようになったある晩、ゴーパチで若い警官に遭遇した。いつものように、「免許提示は警察手帳を見せてからだ」と強気に出ると、「そんなこと言ってたら、（警察に）連れていくよ」と反撃された。いつもと違う様子だが、後に引けなくなって、「おかしいだろ！」と、語気が荒くなっていった。

わけもわからずパトカーに乗せられ連行されそうになったとき、以前取材したことのある少年らが「打越、なんでもめてんの？」と声をかけてくれた。「こいつ（若い警官）が取調室に連れていくとか言うから、そんなことはできないはずだって言って、もめてるんですよ。何とかなんないですかね」と私。ひとりの少年が、コンビニの裏に私を連れていく。「おまえ、酒でも飲んでんのか」、「酒も飲んでないし、免許も持ってますし、スピード違反もしてないっすよ」、「だったらいいじゃないか、見せて終われ」とさとされ、警官に対して「こいつ、打越っていって変なないちゃー［本土の人］だけど、悪い奴じゃないから」と言ってくれた。さっさと免許を見せて終わらせたほうがいいという彼の説得を受けて、仕方がないなという態度で私は免許証を見せて、その場はおさまった。

## 警官と交渉するスキル

暴走族の若者にとって警官は、圧倒的に力のある存在だった。そうした相手と対峙し交渉することは、沖縄の暴走族やヤンキーの若者がまず身につけるべき大事なスキルである。このことは、後の建設業での調査でわかったことだ。

建設現場には、うちなーぐちでいう、しーじゃ［先輩］とうっとぅ［後輩］の厳しい関係がある。先輩の機嫌をとるための言葉かけや、先輩たちの無理難題をなんとかやり過ごす手順は、後輩たちが覚えなくてはならない必須事項であった。

たとえば、彼女と遊んでいるときに先輩から飲みに行こうと誘いの電話がかかってくることがある。後輩たちは、先輩たちに合流しなければならないがすぐには移動できないので、「あとから、まわってきましょうね」と言って、いったん電話を切る。これを数回繰り返すことで、先輩の機嫌を損ねることなく、誘いをかわすことができる。「まわってきましょうね」という言い方が絶妙だ。自分としては合流しようと思っているが、より年上の先輩から誘いが来るなど予想外のことがあるかもしれないと言外ににおわすことで、結果として行けなかったとしても、最初に誘ってきた先輩を怒らせずにすむ。

私がゴーパチで警官ともめたとき、助け船をだしてくれ、うまく切り抜けることができたのも、ふだんからこのように、圧倒的に上位にある先輩からの理不尽な要求に対して、最悪の事態にならずに済むよう、機転を利かせて切り抜けてきたからに他ならない。

　そして、パシリになるという私の調査方法は、このような上下関係を基軸とする集団を調べるのにマッチしていた。

　たとえば、カラオケで先輩たち（といっても私より年下だが）がいつも歌っている曲を予約し、サビ以外は後輩が歌って、サビになると先輩にマイクを渡すとか、キャバクラに行ってお気に入りの銘柄の泡盛を、先輩の酔い加減に合わせてつくり、いつもの下ネタで場を盛り上げる――。考えてみればそれは、私が中学時代から身につけてきたスキルでもあった。

　私が通った中学校は、とても荒れていた。当時、授業はほとんど成立せず（結果として勉強は自分でするものだと教わった）、放課後の部活は、ヤンキーが集うスポッチャ（ラウンドワン社の提供するスポーツを中心とした遊技場）の観を呈した。野球部の練習はバッティングセンターと化していたし、テニス部では、先輩にチャンスボールをあげてスマッシュを決めてもらう接待テニスが繰りひろげられた。そんな学校だったから、ヤンキーの先輩に逆らうと暴行され、かつあげされるのは明らかだった。だから私は、彼らのパシリとなる道を選んだ。休憩時間は彼らが喫煙するトイレの入り口で見張りに立ち、先生が来るとくしゃみで知らせる係を買ってでた。

　そんな私にとって、パシリになるという方法は、沖縄の暴走族やヤンキーの若者たちを取材する上で無理がなかったし、なにより私の性に合っていた。

## 携帯サイト「中部狂走連盟」と写真アルバム

沖縄での調査が軌道に乗るようになったのは、早い段階で拓哉と信頼関係が築けたからだし、夜のゴーパチに通い詰めて、少しずつ信頼を得ていったことも大きい。だが、それだけではない。

調査を始めて数年のあいだ、毎晩のように私はゴーパチに通っていたが、当時は暴走族を見物するために多数のギャラリーが各所からやって来ていたことは既に述べた。たいてい彼ら彼女らは、ゴーパチ沿いのコンビニやファストフード店の駐車場に集まってきていた。その頃、暴走族について語り合う「中部狂走連盟」という携帯電話の掲示板があった。暴走族に関連する情報を交換し合うためのサイトだった。少なからぬギャラリーは、このサイトを見ながら、暴走族の見物を楽しんでいた。

実はその携帯サイトで、怪しい存在だと私が話題になったことがある。いわく、「(バイクの) フロントカバーには○○連のデッカイ、ステッカー」「眼鏡のないちゃー［本土の人］は何者なの?」「巡査ではないか」と。なにもできずサイトを静観していると、私から取材を受けたことのある若者たちが、「眼鏡の人はないちゃーで、暴走族マニア」「暴走族なりたいって言ってたよ」「大学教授だよ (実際は大学院生)」などと、私を紹介する書き込みをしてくれた。おかげで、私のことを多くの若者に知ってもらう貴重な機会となった。

もう一つ、忘れてはならないのが、調査をすすめる中で撮影したバイクの写真を集めたアルバムだ。調査を始めた頃は、なんでも記録するつもりでいたので、コンビニ前で声をかけて話がひと段落すると、少年らのバイクを撮影させてもらっていた。バイクを記録に残すというよりも、取材のお礼として写真を現像して、次にどこかで会ったときに渡そうと考えていた。

1-2

調査時に撮影したバイクの写真

ところが、再会したときに写真を渡すと、他の写真も見せてほしいとせがまれる。バイクだけの写真なので、見せても問題はないだろう、そう判断してアルバムを見せると、もっとかっこよく自分のバイクを撮ってくれと頼まれたり、自分のバイクの写真をこのアルバムに加えて、地元の若者たちに見せてくれと頼まれるようになった。こうして、アルバムに収められたバイクの写真は、（バイクの所有者にその撮影を頼まれたものだけで）六〇台を超えた。結果として、当時の沖縄の暴走族の記録として貴重なアルバムができあがった。

暴走族にあこがれる少年たちやギャラリーの若者も、このアルバムに興味を示してくれた。改造を施したばかりのバイク、オリジナルな塗装や、載せ換えたエンジンなど、見る人が見ればわかるバイク図鑑となり、暴走族・ヤンキーの若者同士をつなぐ役割を果たすようになった。最初はこちらから声をかけても耳を傾けてくれなかったのが、アルバムを持ち歩くようになってからは、「お兄さん、バイクの写真見せてよ」と声をかけてくる若者も出てきた。こうして、バイクの写真を収めたこのアルバムは、調査が軌道に乗るきっかけとなった。

その後、沖縄の暴走族のDVD作成を何人かから依頼され、当時の所属先の首都大学東京（現東京都立大学）の社会学教室からビデオカメラを借りだして撮影した。そのうち私の連絡先が出回って、知らない若者から突然、電話がかかってきて、「〇時に□□で暴走するから、ビデオ（カメラ）もって準備しといて」と依頼されるようになった。指定された時間にそこへ行ってみると、確かに暴走が行われた。

暴走族の撮影係を務めるようになると、不確かな情報が増えていた携帯の掲示板よりも正確な情報が入ってくるようになり、「打越、今日はどこのチームがどこで走る?」と聞かれるようになった。撮影した映像は編集してDVDに焼き、バイクの所有者に渡した。希望者には、所有者の了解を得た上で実費(一枚五〇〇円の二枚セット)で提供することにした。しかし、当時出回っていた暴走族のDVDは、後輩にカメラを持たせてバイクの後部座席に乗せてウィリーをしたり、検問突破などを試みた動画だった。それに対して私が撮影したものは、交差点の全体像を駐車場から定点観測した調査記録用のものだったから、迫力がまったく違った。結局、頼まれてつくったDVDは不評で、作成費用を回収することもほとんどできず、大赤字となった。

当時のゴーパチは、沖縄中の暴走族やヤンキーが集い、交流する場になっていた。私が作ったアルバムも、お互いの交流を促す役割を果たした。こうして調査者としての私は、いつの間にか彼らをつなぐ役割を担うようになっていた。今も、内地に行った者や音信不通だった者、地元のメンバーと距離を置くようになった者から、年に数回は連絡が入る。彼らに対して私は、地元メンバーの近況を伝え、地元メンバーには、疎遠になった若者たちの近況を伝えるという、伝書鳩のような役割を担うようになった。

この役割は重宝されたが、地元社会で誰の話をどこまで話すかという判断は非常に難しかったし、今も気を遣う。誰かの近況を聞かれた際に、ペラペラと何でも話してしまうのはトラブルのもととなる。そうなれば、誰も私に話をしてくれなくなるだろう。だからといって、まったく知らないふりをして話さないこともよくない。つき合いが長くなると、私が知っているようなことは、時間がたてば地元社会の大半の者が知るようになる情報であることがわかってきた。こうした中で私は、誰かのお財布事情を尋ねられれば、その人がキャバクラに頻繁に通っているといったことまでは話すようにした。そうすることで、どちらからも信頼を失わないように努めた。

## 調査の前に信頼関係を築く

このような役回りを一〇年近く続けてきて、少しは認めてもらえるようになったと思う。調査対象者との関係性を私が判断するのは難しいので、勝也とのやり取りと、共同研究者である上間《うえま》陽子《ようこ》とゆうじのやり取りを以下、紹介してみたい[6]。

勝也 （俺が）結婚したよってときも、（打越は）喜んでくれて、別に関係ないのに。何でもないじゃないですか、最初は、ただ俺たちの話きいて、本（を）書いて金にしようとしてるぜ、こいつ、みたいな（感じだった）。悪く言えばそうじゃないですか。

――ほんと、そう見られても仕方ないよ。

勝也 今は（そう）じゃないけど、俺たちなんかしたら最初は巡査やんに、あれ絶対、巡査だぜみたいな、深くは関わらんかったけど、どんどん関わっていくようになって、俺が一番一緒にいたのが（建設）現場かな。打越、沖組《おきぐみ》（の仕事に）出てるわけよ。（俺が）結婚するよって言ったら、すぐ赤ちゃんの洋服とかも送ってきて。

――まあ、ちょうど同い年くらいの子どもで、子どもも生まれるの同じタイミングやったんよ。ちょっとこっちが、早かったんで。ちょうど、奥さんの性格も似てたよね（笑）。

**勝也**　俺がちょうど離婚して、病んでる時期に電話くれたり。助かった。

6――上間は、沖縄出身で琉球大学の教員である。私と上間は二〇一二年からキャバクラなどの夜シゴトに就く女の子たちへの共同調査をすすめてきた。彼女の紹介もかねて、上間の調査手法と私のそれとの違いを述べる。

　私は参与観察を主な方法として沖縄の男の子たちのことを調べてきた。二〇〇七年から彼らとともに活動し、深夜の一一時から早朝までだらだらと一緒に過ごし、質問らしい質問をすることもなかった。何も知らない新参者だと自覚していたので、少なくとも五年は黙って観察すべきだと考えていた。それに対して上間は、生活史インタビューを主な手法として沖縄の女の子のことを調べた。彼女は調査の場面で対象者が語った断片的なエピソードをつなげていく。それらが立体的につらなっていく場面に、私は何度も遭遇した。聞き取り終了後、調査対象者から「気持ちよく話すことができた」「すっきりした」という言葉を聞かせてもらったこともある。このようなコンビで、女の子への共同調査はすすめてきた。

＊

上間　打越君とはどこで絡んだの？
ゆうじ　あれ、大学生さ。
上間　大学院生。ああ、でも大学の先生もしてるよ。
ゆうじ　ああ、うそ。昔だけどさ、一六（歳）、中学校卒業したばっかりぐらいかな。暴走族の取材してたさ。このときから（打越を）知ってる。
上間　じゃあ、長いんだね、つき合い。
ゆうじ　俺なんかバイク乗ってるさーね。（打越は）原付でついてくるわけよ。俺なんかが信号無視するさ、（打越も同じように信号無視して）ついてくるよ（笑）。一緒にツーリングも行ったし。
上間　バイクは？
ゆうじ　オートバイの後ろに乗せてもらってたわけよ、先輩の。結構、上の人なんだけど。
上間　乗せてくれる人がいたんだ？
ゆうじ　いたわけさ。めっちゃ仲いいわけよ。みんな、みんなとフレンドリーだわけ。その後ろを俺なんかがついてって、警察に追っかけられたら、俺なんかが止めてみたいな。こんとき、打越、乗ってたかな？　俺なんか、しょっちゅう追っかけられてたけど。
上間　乗らないんじゃない？
ゆうじ　結構意地あるよ。巡査にビデオカメラもって来いって言われても、「おまえら警察でしょ。（警察手帳を）見せろ」って言ってたらしいよ。俺、この場にいなかったけど、（巡査と）めっちゃケンカするって（地元の友人が）言ってたよ。
上間　打越君、でもスピードとか全然出せんと思ってた。
ゆうじ　ついていくので必死なんじゃない。もうスピードの感覚ないはずよ。
上間　あんな原チャで（笑）。
ゆうじ　やばいだろ、とか思ってたけど（笑）。今考えたらまじめすぎるよね。取材のことで、信号無視するぐらいだから。

調査を始めて間もない頃は、彼らがツーリングを始めると、原付バイクで追いかけた。誘われれば後部座席にまたがった。といっても、ウィリーのたびに私がキャーキャー叫ぶので、すぐに降車させられた。
沖縄での調査で私は、調査対象者たちと仕事も生活も、できるかぎり行動をともにすることで、彼らのコミュニケーションを直接体験させてもらうようにした。どんな服を着るか、髭《ひげ》の剃り方はどうするか（写真1－3参照）も教わった。にもかかわらず、い

1－3

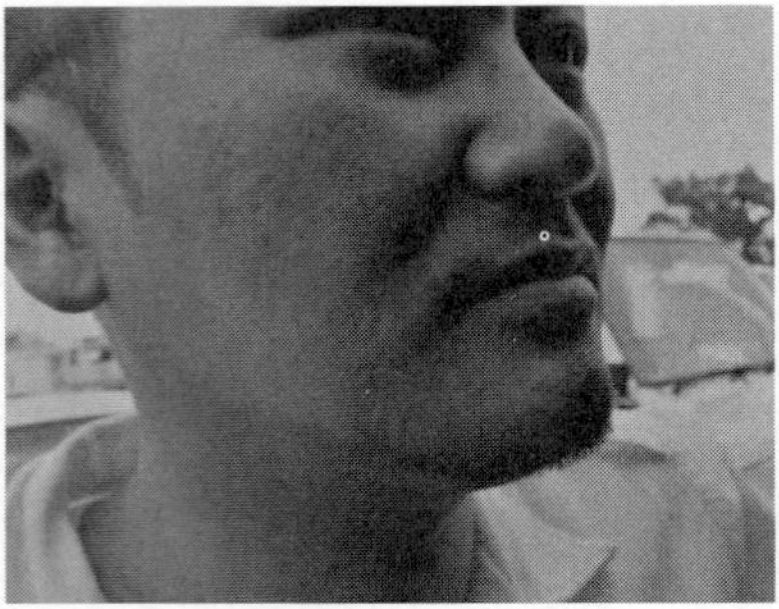

Ｔ地区仕様の髭ともみあげの剃りあげ（撮影：上地）

まだによく間違えるが、そうして、一緒にいてもいいような作法を身につけようとした。パシリをふくめ、彼らに貢献できるような役回りをこなすことで、関係性を築いていった。その結果、少しずつ重要な役割を任されるようになり、評価されるようになった。たとえば、建設現場へ天ぷら[7]の差し入れをする際に、初めての時は天ぷらの選び方が悪いと叱られたが、最近ではメンバー構成をきくと、うずらを何本、もずくを何個、買えばいいか判断できるようになった。その結果、現場の休憩時間も延長され、職場の飲み会にも誘われるようになって、職場の人間模様がよく見えるようになった。

　そのなかで私のものの見方、感じ方も変わっていった。自分が偏った見方、感じ方をしていることに気づかされ、修正する機会を何度も得ることができた。

　大学院生だった当時の私は身軽な立場だったから、たいていの場所にはついていった。今となっては冷や汗をかくような場所にも行ったし、どうかと思う行動もあったが、知的好奇心と自らの倫理観にもとづいて、彼らと行動をともにした。私が携わったこの調査では、なにかを調べるより前に、彼らと信頼関係を築くことを大切にした。一〇年たった現在、このやり方がベストで唯一のやり方だったと思う。

7――沖縄の天ぷらで、味のついた、やや分厚い衣が特徴。建設現場の休憩時間に、この天ぷらにウスターソースをたっぷりつけてコカ・コーラを飲みながら食べるというのが、従業員たちの流儀だった。

裕太　建築は親分（社長）がいて、あと（の従業員）はぜんぶ兵隊（働きアリのたとえ）。わかる？

第二章

# 地元の建設会社

表1　参与観察の調査期間（沖組）

| | 調査期間 | 出勤状況 |
|---|---|---|
| 第1回調査 | 2008年2月13日から3月7日 | 24日間のうち13日出勤 |
| 第2回調査 | 2012年8月28日から8月30日 | 3日連続 |
| 第3回調査 | 2013年2月22日から3月1日 | 8日間のうち3日出勤 |
| 第4回調査 | 2015年7月2日から8月21日 | 51日間のうち24日出勤 |

建設業は沖縄県の基幹産業の一つである。T地区の建設会社・沖組は、二〇年以上にわたって地元に根ざして型枠解体屋をしてきた。型枠解体とは、セメントを流し終えた後に型枠を外し、それを運び出す仕事である。マンションなどコンクリートの建物をつくる上で欠かせない業種の一つだ。鋼管、[8]桟木《さんぎ》[9]などの資材を、長さをそろえて搬出するのが型枠解体屋の主な作業である。建設業のなかでは比較的、単純な作業だと言われている。

私はこの沖組で、これまで四回働いてきた（表1を参照）。

深夜のゴーパチに繰り出す暴走族や、その見物に集まってくる若者たちのことを調べるなかで、ゴーパチという晴れの「舞台」以外の時間を彼らがどう過ごしているのか、ほとんど何も知らないことに気づいたからだ。先に述べたように、暴走族に入っても、すぐにゴーパチに出てバイクを走らせることはできない。先輩―後輩の厳しい上下関係のなかで、パシリとしてあれこれ気を遣い、我慢することも多い。こうした下積みをへて、ようやくゴーパチで派手な暴走をすることが許される。

どうして彼らは、パシリという下積みをこんなにも我慢するのか、パトカーに追突されたり、警官に暴行されたりすることもあるゴーパチでのリスキーな暴走に、こんなにも憧れるのはなぜか。その理由が知りたかった。調査をすすめるなかで、ゴーパチで暴走族デビューした若者たちは、それぞれの地元で何かしらの役割を与えられていることがわかってきた。こうして私は、暴走族やヤンキーの若者たちが日常生活を送る地元へと目を転じることになった。

暴走族のたまり場となっていた通称「アジト」に通うなかで、沖組を紹介してもらったのは二〇〇八年のことだ。以下は、そこでの参与観察の記録である。

## 1　裕太たちとの出会い

地元の若者たちのたまり場であったアジトに出入りするのを許し、建設会社で働くことを認めてサポートしてくれたのが、T地区の裕太である。北谷のゴーパチ沿いで裕太

8——鋼管とは、鉄鋼製の管の形をした建築資材である。一メートル程度の短いものは投げて運び、三メートル程度の長いものは台を滑らせながら運ぶ。どのような運び方をするかは、班長が決める。その判断次第で作業量も変わるため、班長の腕の見せ所である。

9——桟木とは、断面が長方形（二四ミリ×四八ミリ）の木材の棒で、型枠に使用される。別の用途もある。片手で持てるので、先輩が後輩に暴力をふるう際にも使われる。

2-1

裕太から譲り受けたステッカーを貼り付けた原付バイクと私

と出会ったのは、沖縄での調査を始めて数日後のことだった。今なお続く沖縄での調査における中心人物である。建設現場での働き方だけでなく、100スロ（違法スロット）の遊び方など、危ないことも含めて、裕太は多くのことを教えてくれた。キャバクラに初めて連れ出してくれたのも彼である。多くの人や新しい場所を適切なタイミングで紹介してくれた。一〇年にわたる調査は、地元だけでなく、ほかの地域にも友人・知人が多い裕太のネットワークに加わらせてもらうことで可能となった。

二〇〇七年、裕太は三〇歳前後で、元暴走族やバイク好きが集まって結成した「旧車會」[10]というチームで活動していた。ある晩、その旧車會に取材を申し込むと、リーダー的存在だった彼から「ついてくるくらいならいいよ」と承諾を得ることができた。そのとき、それなら「ステッカーいるでしょ?」と言われ、沖縄の暴走族名が載っているステッカーを一〇〇〇〇円で売ってもらった。私はそのステッカーを、自分の原付バイクのフロントカウル（バイクの先頭部分）に貼り付けた（写真2－1参照）。このステッカーが、暴走族やヤンキーの若者たちと話すきっかけとなって、調査がスムーズに進むようになった。だがそれは警察に目をつけられることでもあった。

## 「俺、解体屋しかできない」

沖組で働く若者たちの多くは、中学を卒業後、すぐに現場に入った。そのなかで裕太は、数少ない高卒組だった。もともと裕太は、中学を卒業したら、父親が社長をしている沖組で働くつもりだった。そのため高校入試は、社会の問題を数問解いただけで、面接もすっぽかした。受験に落ちたと思い、作業着を買って、働く準備をしていた。しかし結果は合格となり、彼は高校に通うことになる。

裕太が入ったクラスは女子ばかりで、男子はたったの八名だった。男子のうち五名は、彼がいじめて辞めさせたという。残り三名のうち二名は暴走で停学になり、裕太一人になった時期もあった。そのとき、五人の男子を辞めさせたことを後悔した。現場へ移動

10——旧車會とは、暴走族ＯＢによって結成された、改造バイク（旧車）でツーリングを楽しむ同好会である。

する車中で、「高校のときがいいなあ」と、高校時代を懐かしんでいた。

高校時代の夏休みは、いつも父親に声をかけられて、沖組で働いていた。仕事について聞くと、彼は「俺、解体屋しかできない」と答えてくれた。それまで彼は、ガソリンスタンドと居酒屋で働いた経験はあるが、ガソリンスタンドではガラスの磨き方で店長とケンカをし、店長に飛び蹴りを食らわせて、辞めた。居酒屋では、あれこれ指図されるのが嫌で辞めた。このように、すぐに辞めたのは、小さい頃から沖組で働くと決めていたからだった。

裕太　小学校から気づいてた。おとー［父親］と土方するって。おばー［祖母］とおかー［母親］がよく言ってたわけよ。「おまえ勉強しなかったら、おまえ土方なるよ。おとーみたいに」って。じゃあ、勉強しなくても、土方なれるんだなって（俺は考えて）から。俺、小学校（の頃）からよく言ってたよ、先生に。「勉強しなかったらどうするかー」って（先生が言うから）、「大丈夫。おれ大工さんなるー」ってから。「大工も勉強しないとダメなんだよ」っていうから。「大丈夫」ってよ。お父さんが「大丈夫」って（言ってたんだから）。

## 鉛筆を「重い」と言う裕太

父親の建設会社で裕太が働き始めて、二〇年近くたった。今では班長となり、後輩たちに荒々しい言葉で指示を出しまくっている。長い間、建設の仕事を続けていることに驚くし、誰もがまねできることではないと伝えると、一日中机に座って仕事をするほうが無理だと裕太は言う。

裕太　（現場で定期的にある安全管理の講習が）三時間とかなわけ。（俺は）鉛筆持ったことない。重い。二時間くらいで狂いそうになる。もうやることなくて、（ずっと）ボールペン、分解してるよ。

建設業で働くことと、机に座って講習を受けることは同じではない。机に座ることに慣れている者が解体屋で働くことの困難は容易に理解できるだろう。暑い、重い、痛いなど、世の中の多くの苦痛がこの仕事には備わっている。他方で、数時間にわたって机に座っていると気が狂いそうになるという裕太のきつさは、なかなか理解が難しい。いつも重い荷物を運んでいる裕太が、鉛筆を「重い」と言う。最初は冗談で言っているのだと思った。

しかし、現場で物を運ぶときのことを振り返ってみると、15（一五〇センチ）の鋼管を運ばなくてはいけないとき、これなら一度に四本は持てると予測し、そのための態勢を素早く整える、ということをしている。何がどれくらいの重さなのか、何度も資材を運ぶなかで、少しずつ身体が覚えていく。同じ物を何度も運ぶ場合、身体はその重さに慣れるから、「重い」とは感じなくなる。ところが、講習が苦痛でたまらなかった裕太にとって、馴染みのない鉛筆という物体は、予想以上に重く感じられたのだろう。

建設業での身体の使い方と、デスクワークでの身体の使い方は異なる。現場での裕太は、それがどれくらい重いのか、経験にもとづいて事前に予測し、態勢を整えながら持ち上げる。その時にかかる負荷が予想以上のとき、はじめて「重い」という感覚が訪れる。それに対して私は、重量計で表される数値を見て、重さを知る。あらかじめ予測したりしないので、重いものは何度運んでも重いと感じる。こうしたところからも、彼らが生きている世界の一部を学ぶことができた。

## 地元で有名な「暴れん坊」、太一

それだけでなく、裕太には、何人もの若者を紹介してもらい、それまで行ったことのない場所へ連れていってもらった。このときしかないというタイミングで、裕太はさまざまな出会いの機会を用意してくれた。たとえば、太一。彼は地元で有名な「暴れん坊」だった。多くの人が集まるビーチパーティなら、もし太一が暴れても止めることができるということで、裕太は太一を紹介してくれた。

裕太　那覇の宿（の住所を太一に）教えちゃだめだよ。「いつでも飲みに来てください」って言ったらだめだよ。ケンカなったら、打越も共犯だよ。（警察からしたら、仲間なのに）止めなかったたって。

――どうすればいいんですか？　止めようとしても無理だし、（止めようとしたら）余計やられるんじゃないです？

裕太　だから、みんな行かんわけよ（笑）。打越がいるから、（太一は）いいとこ見せようってなってるはずよ。気を付けれよ。

裕太のアドバイスのおかげで、私は太一と知りあうことができ、今でもその関係を続けることができている。裕太と出会わなければ、この調査も実現していなかったはずだ。裕太が紹介してくれた沖組という型枠解体屋と、そこで出会った従業員たちのことを、以下、書きとめておこう。

## 2　沖組という建設会社

### 沖組を立ち上げる――康夫社長の生活史

沖組は家族経営の会社であり、康夫社長が現場まわりを、妻が経理を担当していた。二〇〇八年の調査時に五〇代半ばであった社長は、いまでこそ現場では働かないが若い頃はとても仕事が早かったと、その頃を知る従業員は話す。現場に顔を出して指示を出す社長のうちなーぐち［沖縄方言］は強烈で、おまけに早口なので私にはほとんど理解できない。しかし私と話すときは、方言を言いかえて、私にも理解できるように話してくれる。

康夫社長は二〇代で結婚し、二人の息子がいる。長男が裕太で、次男が健二である。社長が二〇代の頃は飲み屋の経営をしたり、建設業や大工として働いていた。三〇代の時に内地へ建設の出稼ぎに行き、そのとき引き連れていた地元の後輩を誘って、九〇年代に沖組を創業した。

社長　新潟のときは一人（当たり日給を）、三万もらってた。監督は五万あった。（沖縄から出稼ぎに行った）みんなで（東京の）浅草に（飲みに）行って、「田舎もん」ってばかにされたけど、財布（の札束）を見せたら、対応変わったよ（笑）。

――ずっと新潟にいたんですか？

**社長**　市川、板橋、新潟で型枠業[11]をしていた。そこでやり方を覚えた。（当時）型枠業は多かったから、沖縄で逆にまわった。型枠外す方ね。

――なるほどー。

**社長**　沖組は、最初は七名で始めたんだよ。三年目から五〇名になって、今は八八名。会社の立ち上げは、平成〇年〇月〇日だったかな。[12]従業員は最高一二六名、その後、仕事が減って、最近出勤してない人に休んでもらってる。クビではないよ。特に夏は大変だから、六から一〇名休むのが前提で仕事組んでる。

――なるほど。

**社長**　若い子らはすぐ辞めるけど、それも織り込み済み。他の仕事、会社に行っても、結局戻ってくる。きちんと給料を給料日に支払う仕事はそれだけで売りになる。他は未納、遅延ばかり。うちは女の子もいるだろ、型枠解体屋で女の子が働いてるの

11――型枠業とは、型枠大工のことである。型枠大工がつくった型枠にコンクリートを流し込み、固まった後に型枠解体屋が型枠を取り外すというのが、一連の作業の流れである。

12――会社が特定されないように伏字にしているが、この時、社長は会社を立ち上げた年月日を正確に述べた。私もその日付を覚えており、創立記念日には祝意を伝えてきた。

はうちぐらいだよ。軽作業は男じゃ引き合わんさ。女の班は現場号[13]が全部女。お互い、気遣わんでいいさあね。

## 会社経営の「最強のタッグ」

沖組を立ち上げた社長は徐々に規模を拡大しながら、経営を軌道に乗せていった。

―― 解体屋の経営のために何が大事ですか?

社長 従業員を大事にすること、安全面が一番大事。怪我人《けがにん》が出たらアウトさーね、怪我人出たら、元請けもだめになるさ。内地で覚えたのは人の使い方。けなしたりしない。技術と人の動かし方の勉強。自分も働きながら目配り、従業員の長所を覚えることよ。

―― なるほど。

社長 (事務所の)近所(に住む人)は、先生が多いのよ。なんでかな、建築業を下にみてる人が多いのよ。

妻 (教員の)家の大工してる人たちがいるのに、学生に(向かってその教員が)「勉強しなかったら、こんな仕事しかないよ」って言ったたってよ。それで大工が(怒って)帰って、数週間仕事来なかったたって。

……

――仕事はどうやって取ってくるんですか？

社長　営業には行かない。電話がかかってくる。沖組は三次《さんじ》（請負）だから、仕事を受けるだけ。

――そうなんですか。入札はないんですね。

社長　それは上の（会社の）話。沖組の売りは、会社の規模が大きいから、大きい現場も対応できるさーね。琉大の現場も、○○建設（内地の元請け会社）、□□組（二次）、沖組ってなってる。□□組は、海洋博（のとき）から沖縄きてる。今は事務所も沖縄にあるってよ。

――景気はいいですか？

社長　仕事の単価は、平米で単価を出すやり方と、一人一万円を二次請けから支給されるやり方があって。（沖組は）どんぶり勘定しないから、もってるんだよ。（支出が）一〇万かかるのに、一〇人出してたら、儲けないさーね。経費ばっかりかかる。

13――建設会社の移動用の車両のことを従業員は「現場号」と呼んでいた。その車両は三列シートで、後部には工具などを収納する十分なスペースがあった。多くはトヨタのハイエースであった。沖組では、一列目は運転手を含む中堅が、二列目は先輩が、三列目は後輩たちが座ることになっていた。

ガソリン、高速、税金。

元請けである内地のゼネコン、下請けである沖縄の大手建設会社、その孫請けの一つが沖組だった。従業員九〇人弱という沖組の企業規模は、業界で信頼を得るうえで大きな強みとなった。社長は「沖組は、けつを割らん（途中で仕事を投げ出さない）さ。赤字が出ることもあるけど、仕事を最後までやり遂げる。大規模だからできる。中小だったら、赤字が出たら仕事放棄でトンズラさ」と話してくれた。

ある従業員は、「沖組が成功したのは、奥さんだよ。（社長と妻の）あのタッグは最強」と話す。現場上がりの社長と、きっちりと経理をこなす妻。その役割分担は、沖組の経営にとって「最強のタッグ」となった。

## ピンチを切り抜ける

そんな沖組だが、内地のゼネコンの請負会社になっていることで、ピンチも経験した。

社長　八年前に、〇〇（内地ゼネコン）に直訴するために、弁護士と内地行ったよ。元請けの〇〇が、二次請けの会社がつぶれて、（二次請けが）沖組に支払いができなくなったときに、「元請けの〇〇に、（沖組への支払いを）賠償しろ」って直訴しに行ったよ。沖縄の人は頭が弱いさあね。韓国みたいに怒ったりできないさー。小さいから。日本に騙されてもわからないわけよ。

……

**社長**　上からもらっていない税金は、下にも払えないよ。税金は下請けだけが払ってる。税務署のスタッフは、「沖組はつぶれてもいい。税務署はただ金を取れればい い」ってスタンスよ。取りやすいところからとる。そのときは何とか車を二台売却して持ちこたえたよ。税務署も義理人情なんてないよ。

元請け会社との契約で、沖組は「騙された」。二次請けの会社が倒産したとき、三次請負である沖組には代金は支払われなかった。元請けは、自分たちは無関係だとの主張を押し通した。税金の支払いに関しても、下請けばかりが払わされることに社長は不満があった。二次下請け会社から、沖組が仕事を請け負った場合に、税込みの金額が支払われていないにもかかわらず、税務署は沖組に取り立てにやってきたという。当時、沖組は倒産しかねない状況にあった。会社の存続よりも税金の徴収を優先する税務署に対して、社長は「義理人情がない」と憤っていた。

代金未払いと税金支払いによって経営難に陥った沖組は、地元の人間を積極的に雇うことで危機を切り抜けた。沖組で働く八八人の従業員は、その大半が求人誌ではなく、従業員の紹介によって働き始めた人たちだった。その多くが、社長と二人の息子のつてで入ってきた。だから、沖組の従業員は、社長の中学時代のうっとぅとその知り合いたちの五〇歳代と、息子たちの中学時代のうっとぅたちの三〇歳前後の二つの世代から構成されることになった。

社長　沖組の求人は、求人誌ではほとんどやらんよ。（求人誌への掲載は）一回五万とかもってかれるのに、（それで応募してきた人は）すぐ辞める。引き合わんよやー［割に合わないよ］。

仕事が終わる夕方ごろ、社長と同い年くらいの男性が事務所を訪れ、どこの誰が「ふらー」だとか、暇してるとか、内地に飛んでいるとかいった情報交換を、社長とやり出した。「ふらー」とは、うちなーぐちで「バカ者」を意味する。だが、ここでは、罪を犯して刑務所にいるとか暴力団とつき合いがあってフラフラしている者という意味だ。[14]地元のうっとぅが刑務所にいるとか、無職や内地で働いているといった情報交換をし、働けそうなら声をかけて雇うということをしてきた。少年院に二度入った浩之、覚せい剤で刑務所に四度入ったひろしなどが、沖組で働いていた。

社長　（従業員は）特別扱いしないよ。みんな同じように。働いてるのは、みんな一緒。子どもじゃないんだから、一五歳なってここに来たら、同じように働いてもらう。あまえさせせんよ。一五歳で大人なんだから。頭はバカだけど、難しい仕事だよ。だから、誇りを持って働けって言ってる。

――若いのはすぐ辞めませんか？

社長　最近の若いの見てても、義理人情がないよ。前借りさせてるんだよ。悪さしたらいけんさー。バイク買うためにしっかり働かんと。

清司は、軽度障がいのある三〇歳前後の従業員だった。彼はお釣りの計算ができなかったり、自身の誕生日を間違えたりして、従業員からからかわれていた。これまで、ペンキ屋など他の仕事をしてきたけれど、三日しかもたなかったという。しかし沖組では、創業時からずっと働いている。

14――社長は「ヤクザとは、一八歳からのつき合いだから、大丈夫。なにかを頼むことはない。弱みを見せずに、自分の問題は自分で解決するよ」と話す。暴力団の幼馴染《おさななじみ》とは一定の距離を保ってつき合っている。

社長　（清司は）時計もデジタルしか読めないってよ。けど、お母さんが（清司のことを）大事にしてるよ。

――　すごいですねー。

社長　時々、現場で逃げたり、隠れてるけど、一番長いんじゃないか。

清司は、現場での作業中に班長の指示通りにできないなどの理由で、頻繁に怒られていた。建設現場では、彼も「特別扱い」はされなかった。新参者の後輩たちにとって、それは仕事を覚えるための貴重な機会ともなっていた。沖組では仕事の手順を口頭で教えることは少ない。作業マニュアルも用意されていなかった。清司は沖組創立当初から勤めているのに、いまだに作業手順を身につけることができずにいた。そのように清司が怒られる場面を見て、後輩たちは仕事の手順を覚えていった。そのためか清司は、若い従業員に笑われることはあっても、彼を辞めさせるほど追い込むような仕打ちをする者はいなかった。

このように沖組は、地元のさまざまな人間を雇い入れながら、ピンチを乗り越えてきた。

「給料支払い遅れなし、定額」

社長は「給料支払い遅れなし、定額は沖組の売りだよ。沖組は給料日前に払ってるよ。給料日前の土曜日に飲みに行けるさーね」と話す。遅れず定額支給される給料、たとえ前科があろうと、どんな人間でも働けるこの会社は、従業員からも高く評価された。昇給よりも、定期的に給与が満額支払われ、「終身雇用」が保証されていることが、従業員にとって大事なことだった。

もし沖組が倒産することになれば、それは地元の後輩たちが仕事を失うことであった。なんとしてでもそれは回避しなくてはならないことだった。

社長のこうした経営方針について、かつて沖組で働いていた太一も高く評価していた。

太一　でもさあ、現場自体がピリピリしててさあ、今日中に終わらせないといけないって、（作業を）早くやるってとき、人間ってよ、ピリピリしてしまう。そんときに、余裕持てるくらいの人間だったら、懐が深くて、大きくなると思うわけ、はっきり言って。自分もあとあと社長になれるんじゃないかなあ。自分の友だち、社長になってるの、いっぱいいいるわけよ。

――　すごいなあ。

太一　自分も独立してから、できるくらいの力はあるわけさ。

――　やっぱ、今も独立したい気持ちは強いですか。

太一　でもなあ、あれだわけよ、打越。なんていうの、独立するのは、ないんて（ないな）。やろうとしたらできる。だけどさあ、この独立した従業員の家族の面倒もみれるかーやんばーよ［なんだよ］。仕事がないってなってからよ。こんな会社あるさあ。公務員でもないからさ。

——　仕事がないときに給料が払えんくなりますよねえ。

太一　はっきり言って、いつなくなるかわからんさあ。こんなこと考えたら、まだ雇われみー［雇われの身］がいいのかなあって（思うんだよ）。

——　なるほど、なるほど。

太一　ひとりみー［一人身］で、なんていうの、どぅー［自分］が一人で、儲けたいとかこんなの、他の人のことを考えなくてもいいとか、こんなのだったら、できるわけよ、簡単に。けど違うよ。従業員のことだったり。家族も含めて、子どももいるさあ。みんなも食べさせていかんといけんさー。こんなの考えたら、一歩踏み出せん。簡単に、考えてんよ［考えてないよ］。できないよ。

——　なるほど。それこそ、ダメになったらトンズラしてって人もいるじゃないですか。

太一　そんなの、いっぱいいるよ、今までいっぱい見てる。こんな、給料も払わんで、トンズラして、逃げてる社長いっぱい見てるわけ。そんなのできるわけないよ。

太一が言うように、独立して地元の人間の生活を支えるのは簡単なことではなかった。だからこそ、沖組が「終身雇用」を確立したことの意義は大きい。
沖組の今後について、社長に話を聞いた。

**社長**　打越、オスプレイって安全ってよ。沖国大（沖縄国際大学）の学生が基地と共存ってやってるさあね。黒人も白人も仲良くしないと。
**妻**　そうだよ、観光だけだと限界あるよ。
**社長**　米軍の仕事は大きいさ。ただ現場が大きくても、給料自体は増えないよ。いま、○○（軍港）に、毎日、沖組が入ってるさ。奄美の港も三カ月行った。渡嘉敷《とかしき》も、光司たちが行ったさ。宿舎、飯付き、洗濯が大変って。とよみのホテルもよ。あれ、韓国資本ってよ。
――たくさん、やってきたんですねー。
**社長**　最近、不景気だから、タクシーの仕事も減ってる。飲み屋も、若いの（従業員）で飲み歩くの、いないさーね。
――少ないですねえ。
**社長**　沖縄は米軍基地と共存しないと、（恩納《おんな》村《そん》にできた）大学院大学で白人、黒人、多いさーね。公務員は、自分たちは生活かかってないから、基地反対とか言うんだよ。小さい規模の建設業は、つぶれてるし、店を閉めたり、少なくなったりしてるのに、お構いなし（だよ）。

社長は、地元のネットワークをフルに活用し、現場上がりならではの経験と洞察力によって、沖組を守ってきた。その過程で、まわりの建設会社の多くはつぶれた。社長にとって自らの会社を守ることは、家族だけでなく、地元の後輩たちの生活を守ることでもあった。そのために彼は、米軍基地との共存も選択肢の一つとしてあげ、地元の人間の生活を軽視する基地反対派、そしてその象徴としての公務員を批判した。

社長にとって、沖組の経営を軌道に乗せることが、何より優先されるべきことであっただろう。そのために地元の従業員を雇い入れた。それは、従業員の生活を守ることにつながった。以下では、沖組の日常について描いていく。

## 3　沖組での仕事

沖組の従業員は、建設現場でどんな仕事をしているのだろうか。

T地区のメンバーによるツーリングに同行するようになって、彼らの多くが沖組で働いていることを知った私は、沖組で調査をさせてほしいと裕太にお願いした。ところが私には肉体労働の経験がなかったので、しばらくの間、断られていた。それでもめげずに何度も頼み込むと、沖組で働くことをようやく認めてくれた。

仕事が始まる前日、事務所で康夫社長の面接を受けた。先に述べたように沖組では地元の人間を雇うようにしているため、通常、面接を行うことはない。だが、社長に挨拶をしたいと私から申し出て、社長との面談が実現した。一通り話が終わると、社長から一組の軍手を渡され、「明日から一生懸命働いて、頑張ればいいさ」と声をかけられた。T地区のメンバーにつき合ってもらい、必要な工具などの買い物に出かけた。新品のラチェット[15]、Sバール[16]、ハンマー、カッター、安全帯を買って、初日の仕事に備えた。

15――ラチェットとは、ラチェットレンチと呼ばれる工具である。ボルトやナットを締めるための工具で、回転方向が固定されているため効率がいい。だが建築現場でこの工具は、反対側のとがった部分が主に用いられていた。その部分で、番線と呼ばれる太い針金を結び閉めたり、コンクリートを削ったりしたのである。

16――Sバールとは、Sサイズの金梃《かなてこ》のことであり、建築現場では釘を抜くときや狭い空間で型枠を外す際に用いられていた。

## 初日の朝

仕事初日、朝六時前に起きた私は、原付をとばして事務所へと向かった。事務所で待機していた社長と裕太に挨拶をした。まだ早い時間だったせいか、裕太のテンションは低く、私一人だけが元気だった。

エスティマが、私たちの班の現場号だった。裕太が運転席に座り、「新米は後ろ」と言われ、後部座席に座った。車内には『チャンプロード』『実話ナックルズ』『ヤングマガジン』などの雑誌や、足袋、作業道具などが散乱していた。

事務所を出発して間もなく、ある家の前に到着した。裕太がクラクションを軽く鳴らすと、紺色の作業着に身を包んだ達也が、新しい革の手袋を二つ手にして、すぐに出てきた。助手席に座った彼に、私は大きな声で挨拶した。達也は外見こそいかついが同い年で、優しい目が印象的だった。

車は次の家へと向かった。到着すると、アイパー[17]のかかった光司が現れた。大きな体には似合わない婦人用サンダルを履いている。光司の「うちなーぐち」は、ほとんど理解できなかった。挨拶をしても、ほとんど反応はなく無口なので、少しビビった。

現場号が最後に拾ったのは、パチンコ屋の駐車場で

2-2

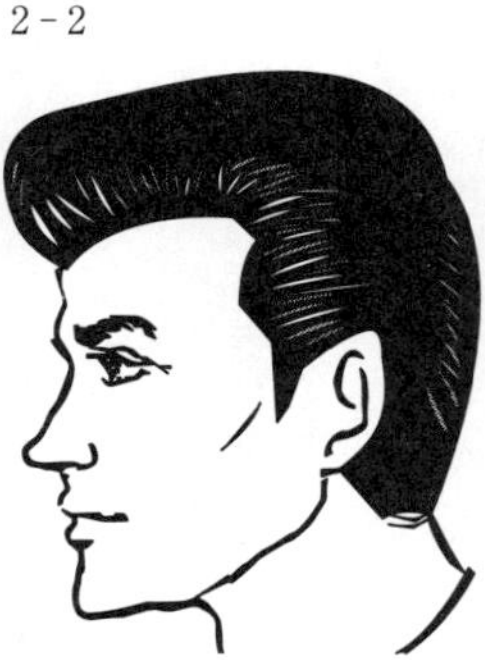

待っていた翔だった。私は三列目の座席に押し出された。この時点で全員が車内でタバコをふかしていた。ちょうど冬の季節だったので、窓は閉め切ったままで、車内はタバコの煙でもうもうとしていた。こうして、五名からなる裕太班は現場へと向かった。

## Pコン外しと材料出し

初日の現場は、北谷のマンションだった。現場号では時報代わりにFM放送をかけている。八時前になると、若い従業員が真っ先に足袋を履き、安全帯を装着して朝礼に向かう。車内でのリラックスしたムードはかき消され、ビルの一階でラジオ体操が始まる。立入り禁止の現場に入ったのは初めてだった。次ページの写真2－3のように、騒音やホコリ対策のために、建物はブルーシートで覆われ、隣の建物から隔てられている。まるでそれが、外の世界とシートの内側とを区切っているように思えた。実際、そこには外部の世界とは異なるルールや社会があった。

ラジオ体操を終え、自分たちの班の人数と名前を現場の班長に伝えて七階にあがった。他の従業員は班長の指示を待ちながら、散乱している材料を整理したり、鋼管の整理を

17――アイパーとは、2－2の図のような髪型である。一九八〇年代のヤンキー・ファッションの一つである。

2－3

外部から見た建設現場

したりしている。指示が出る前に何気なく行われるこの軽作業が、実質的な準備体操となっていた。未経験者の私は別室で、Pコン外し[18]という単純作業をして午前中の仕事は終わった。

　昼休みの後は、角材の材料出し[19]に加わった。この作業をするなかで、裕太の段取りのよさ、優れたリーダーシップを目の当たりにした。自分でも作業をしながら、裕太は他の従業員に細かく指示を出す。全体の流れがしっかり頭に入っているようだった。一〇年以上勤めてきただけあって、他の従業員の仕事量をはるかに上回る。「清司、なにやってるば」、「おい、桟木の長さ、分けとけよ（桟木を、同じような長さごとにまとめて整理しろという指示）」、「誰かー、釘が刺さった桟木ちらかしたのは？　踏んでも知らんよ」。裕太の指摘が的確なので、言われた側は反発することなく指示に従う。

現場には、釘が飛び出た桟木や角材がそこかしこに落ちていた。作業をしながら、いつか釘を踏みぬいてしまうだろうと、あきらめにも近い気持ちになる。釘を踏まないよう気を付けて一歩ずつ歩くが、これでは作業スピードについていけない。そのうち、たぶん大丈夫だろうと、釘のことは気にしなくなった。作業が終わり、掃除を済ませると、午後六時になっていた。初日から三〇分の残業だった。釘を踏みつけることなく、一日の仕事が終わって、心の底からほっとした。これまでの、どんな仕事の後にも味わったことのない爽快感があった。

## 最小限の力で資材を運ぶコツ

二日目、朝から私は、重い資材を肩に載せて運ぶという作業を繰り返していた。右利きの私は右肩に鉄柱を載せた。やがて右肩にはアザができ、腫《は》れた。ほかの従業員はサポート[20]と呼ばれる鉄柱を二本、体格がよければ三本を、利き腕の肩

18――Pコン外しとは、コンクリートに埋め込まれたPコン（型枠を固定するねじ）を取り外す作業のことである。型枠解体業のなかでは初歩的な作業とされる。それゆえ、後輩に対して先輩が「Pコンでもやっとけ」と言った場合、それは通常の作業についていけない新参者を馬鹿にする言葉となる。

19――建物内部から外部の足場へ材料を搬出する作業のこと。

に載せて、ステージと呼ばれる空きスペースへと、室内から運びだしていた。どのサポートも、その両端には緑や黄色の塗料が塗られ、どの会社が鉄柱を設置したのか分かるようになっていた。従業員は、色と長さの異なるサポートを、運びながら区別し、設置する。

建設現場には、天井のコンクリートを支えるサポートが所狭しと立っていて、それを避けながら運ばなければならない。足元には釘が刺さった桟木が散乱していて、右肩の痛みに気を取られていると、釘を踏みつけかねない。気が抜けなかった。

サポートを一本に減らして運んでいると、他の班のおじさんに「一本なら女でも持てるぞ」と叱られた。「すいません」と謝ったものの、もう一本増やして二本にすると、右肩に激痛がはしる。二日目にして、来るところを間違えた、と思った。一カ月間、働かせてもらうことになっていたが、やり抜く自信がない。どの道、迷惑をかけることになるなら、今のうちにやめた方がいいのではないか。だとして、どう話をすればいいのか。そうした、後ろ向きな考えが頭の中を駆けめぐる。

少なからぬ従業員が、長年にわたって、これだけの重労働を続けてきたことに、ただただ驚く。ベテラン従業員はみな、力持ちだった。その大半が地元の暴走族あがりで、ケンカの経験も豊富だった。[21]ところが、パンチやキックなど打撃系の痛みにはめっぽう強い彼らも、肩や腰の関節の痛みには耐えられないようだった。腰を痛めたり、肩が上がらなくなったら、どれだけ力があっても物を運べない。だから、彼らは最小限の力で資材を運ぶコツを身につけていた。

たとえば、鋼管を運ぶ際に、渡す人と受け取る人のあいだに腰の高さ程度の台を資材で作り、その台の上を滑らせながら運ぶ（次ページ写真2－4参照）。これによって、三人でする作業が二人で可能となる。ベニヤ板にしても、両手で持ち上げて運ぶのではなく、角を地面にリズムよくぶつけて、まわしながら運ぶ。そのやり方を初めて目にして驚いた私は、作業中にもかかわらず、「すごいっすね。この運び方、誰が考えたんですか」と思わず質問すると、「うるさい、口動かさずに手を動かせ」と叱られてしまった。

20――サポートとは、天井を支えるための鉄柱で、長さを調節できる。一本で一〇キロ以上ある。鋼管のように細くなく、資材などの上を滑らせることもできない。現場で最も運ぶ数の多い建築資材である。

21――裕太班のメンバーは、翔を除けばみな、地元の暴走族あがりだった。その多くが、地元の暴走族の先輩の紹介だった。仕事を始めると、長続きするケースが多い。というのも沖組では、家から現場まで現場号で送迎してくれる。多くの従業員は、かつての暴走行為で免許を失うか停止中であった。だから、こうした制度があるのは大助かりだった。公共交通機関が発達しておらず、車社会の沖縄で、無免許でも出勤できる建設業は、暴走族の若者にとって貴重な仕事先だった。

## 材料出しの二つの方法

ある日の現場でのこと、私たちは大量の建築資材を運ばなくてはならなかった。各自ばらばらに材料出しを始めた。鉄柱がそこかしこに立っている中で、長い鋼管や重い角材を運び出すのは難しい。現場の狭い室内で、作業に不慣れでもたついてばかりの新参者は、他の作業員の邪魔になる。ところが新参者からすると、この方式は自分のペースで運び出しができる。直截《ちょくせつ》に言えば、手を抜くことができる。しかしそれでは、いつまでたってもコツを身につけられない。

それに対して、材料をバケツリレー方式で運ぶやり方もある。この場合、運び出すのに技術を要する場所にはベテランの従業員を配置するので、効率がいい。新参者も、バケツリレーのペースに合わせなくてはならず、おのずと鍛えられる。こうして、資材を持つときのコツを体得し、それまでできなかった作業ができるようになる。私もこうして鍛えられ、肩には筋肉がつき、最初は激痛がはしっていた右肩の痛みも和らいでいた。

2-4

鋼管を水平に固定してつくった台。この上を滑らせながら資材を運ぶ

　ここで紹介した材料出しの二つの方法は、状況に応じて使い分けられていた。通常、現場の作業は四、五名からなる班ごとにすすめられる。班のメンバーが顔見知りであれば、バケツリレー方式で資材を運ぶ。メンバー間に良好な関係が築かれていなかったり、関係が微妙な班の場合は、各自で資材を運ぶ。バラバラで運ぶときに新参者が作業の邪魔になっていると、早晩、現場から追い出されるのが常だった。こうしたなかで暴走族あがりだったり、地元の後輩であったりした場合、バケツリレー方式でスキルを身につけることができた。

　どちらの方式であれ、最終的には多くの資材を素早く運べることが重視されたが、地元の先輩がいる班で働く者は、顔見知りであることが有利にはたらいていた。

## 型枠解体屋の仕事

　このように型枠解体屋とは、建物を壊すのではなく、建物を造るために型枠を外して解体する仕事である。

　建物を造る工程としては、まず土台を作り、鉄筋業者が鉄筋を組む。続いて鳶が足場を組み、鉄筋のまわりにコンクリートを流し込むための、木製の型枠を型枠大工がつくる。流し込むといっても、コンクリートが固まれば石の塊になる（比重は水の約二・三倍）ので、型枠のまわりは鋼管などで補強しなければならない。柱や壁なども鋼管で補強し、その周りに鎖を巻きつける。天井を支えるために、ほぼ一メートル間隔で、フロア中にサポートを立てていく。

　コンクリートが固まった段階で、型枠を順序よく外し、解体する。最後に「スラブ落とし」という、天井の角材や鋼管を床に落とす作業が待っている。天井の資材を支えるサポートの数を徐々に減らしていき、最後の一本に鎖をかけて外すと、天井の角材や鋼管が一斉に落下する。この瞬間はとてつもなく迫力がある。落下する資材の下敷きになれば大怪我となるので、このときばかりは「落とすよー」と周囲に声をかけながら作業をする。だが、こんなふうに緊張するのはこのときだけで、残りの時間の大半は淡々と資材を運びつづける。

2-5

資材だらけの建設現場の内部

　沖組では毎朝、四、五名からなる班ごとに現場号に乗って、現場に向かう。就業時間は午前八時半から午後五時半となっていた。給料は月ごとに支給され、基本給×就業日数というシンプルな計算式ではじき出された。手当や保険料が引かれることはなかった。

現場号の運転手には運転手当がつくが、それ以外の手当はなかった。建設業の従業員にはボーナスはなく、残業代がつかないことも多かった。しかし沖組は、沖縄の他の建設会社とちがって給料日前に前借りができたし、給料日にはきちんと満額支給されていた。沖縄で建設業を長年経験してきたよしきは、以下のように話す。

——沖組で働き続けるのは何でですか？
よしき　給料も遅れずに、満額でる会社がどこにある？　沖縄の建築でこんなのないよ。前借りもやり放題なのに。
——ってことは他の建築会社は、働いても給料日に満額でないんですか？
よしき　（会社が）つぶれて一生とれなくなったところもあるよ。

従業員の給与は日給六〇〇〇円から八〇〇〇円で推移していたが、そのことも含めて給与面で不満を口にする者はいなかった。

## 現場監督 vs. 従業員

建設現場には、ステージと呼ばれるスペースが、建物の外に設けられている。資材を建物内部から運び出し、まとめておく場所である。その大きさは現場によって異なるが、一〇～二〇平方メートル程度の広さで、足場を組んでつくられる。

狭い建物の中では、建築資材は人が運ばなくてはならない。だが、ステージに置いてしまえばクレーン車を使うことができる。従業員が数時間かけて行う作業も、クレーンを使えばボタンの操作だけで済む。このため、ステージをうまく使いこなせることは、型枠解体屋にとって非常に重要なことだった。

あるとき、そのステージが、あるべき位置よりも高く設定されていた。一メートルほどの違いだが、それによって、膨大な資材を通常よりも一メートル高い位置に運び出さなければならない。一つのフロアから運び出されるサポート、鋼管、桟木、ベニヤなどの量を考えれば、ステージを低く設置し直すほうが効率的なのは明らかだった。そこで班長は現場監督を呼び出して、足場を組んだ鳶に高さを変えてもらうよう話をすることにした。

クーラーのきいた一階の休憩室から、三〇代の現場監督がすぐに確認に来た。現場監督はこのままでできないかと言い始め、従業員は呆れかえった。ちょうどそのとき、達也がくわえタバコをしていた。現場監督から、ひと言、「タバコ」と注意されても達也は火を消さず、タバコを背中に回して隠した。現場監督は班長に向かって、くわえタバコのことを注意し、そのまま休憩室へ降りていった。朝会の時に毎回、くわえタバコは禁止だと言い渡されていた。結局、次の日に鳶に来てもらい、ステージの高さを直してもらうことになった。現場監督は、沖組の仕事を監督する側の人間だったが、結局は、こちらの言い分を飲むしかなかったのである。

建設業界では、割り振られた仕事を最後までやり遂げる型枠解体屋は信頼されていた。というのも、解体屋の中には、従業員に給料を払えなくなり、引き受けた仕事を途中で投げ出してしまう会社も少なくなかったからだ。解体屋としては従業員が多く、大規模な現場での作業を期日までにこなせるのが、沖組だった。建物を完成させる上で、なくてはならない存在だったと言っていい。

にもかかわらず、ステージを適切な高さにしていなかったという、自分のミスが明らかになった場面で、くわえタバコ程度で注意をした現場監督は、従業員からすれば滑稽《こっけい》だった。現場監督に注意されたときの、「いいから早くステージを組みなおせよ」といわんばかりの達也の表情が、現場での力関係を物語っていた。現場監督の多くは大卒で、現場のことを驚くほど知らない。それなのに無意味な規則を持ち出したり、朝会で形式的に行われる注意確認の際に大きな顔をしたりすることで、自分の地位を確認しようとする――。そんな現場監督は、従業員からバカにされていた。

## 右折をめぐるバトル

建設現場の警備員も、従業員への対応を誤ることがある。

その日は三時の休憩後に、サポート、角材などの材料出しを済ませ、一日の作業も無事に終了した。裕太が運転する現場号に乗って事務所へ帰ろうとすると、現場の駐車場の出口で裕太と警備員が口論になった。車で出る際は右折禁止になっていたのだが、朝会に出ていない裕太はそのことを知らなかった。左折するよう指示する警備員に向かって、「そんなの知らん。今（車が）行っただろ、みんな右折してるだろ」。「朝会で確認してるように」と警備員も、一歩も引かない。裕太は「聞いてない、あれ、車きてる。どかんと」と無理やり右折した。しばらく車を走らせた後、裕太が「朝会で言ってたのか」と私に聞いてきたので、「一応、朝会では言ってましたよ。右折禁止とか、場内は一方通行とか」と答えた。裕太は、「朝会、出てん［出てない］のに」と苦笑いした。

次の日の午前中、材料出しをした後で、スラブ落としをしていた裕太の手伝いをした。その作業中、昨日、警備員の注意を無視した件で、沖組の他の班の班長が現場監督から呼び出しをくらった。こうしたことはよくあることで、班長は現場監督から一とおり注意を受けて、実際には裕太には何も言わず、事を収めるつもりでいた。だが、この日はそうはいかなかった。

班長が注意を受けたことを知った裕太は、作業を中断して出口へ向かった。しばらくして私は班長に呼ばれ、裕太のところへ行くよう指示された。理由もわからないまま出口付近に行くと、裕太が怒気を帯びた顔をしていた。どうやら、警備員と口論になっていたらしい。「帰るから車、出して」、「はっ、はいっ」。理由はわからないし、聞けるような雰囲気ではなかった。現場号に乗った裕太は警備員に近づいていき、「おまえが帰るとか言うから、俺が帰ればいいんだろ。もう俺この現場こんから、上に言うなよ」と言い放った。警備員は黙っていた。私は現場号に乗るように指示され、そのまま国道を南下していった。

裕太は車内でも怒りが収まらず、「あいつ（警備員）が帰るとか言い出すから、面倒くさいから俺が帰る、親父にまたあびられる［怒鳴られる］やっさー。三月は東京行って、引っ越しやろうやっさー。解体屋、辞めた。あー、イライラする、あの警備員。嫌がらせしたいやっさー」と言った。その後、コンビニで車を止め、「班長に、警備員が帰るとか言うから、自分が帰るからって伝えて、あとゴメンって謝っといて」と伝言を託され、私は裕太をそこに残し、現場号で現場に戻った。昼休憩の時間になって、今度は私が車を運転して、現場近くのコンビニへ行くことになった。トラブルが起きた出口では、達也に強く指示されたとおり、禁止されていた右折をして公道へ出た。

その日の夕方、警備員との昼間のトラブルについて、裕太が話をしてくれた。「（警備員が）態度が悪いって言うから、俺のどこが態度が悪いば？」と、「確認」をしようとしたらしい。すると、その警備員は「いったー［おまえら］が、右折禁止で右折するからだろ」と言ってきた。「いったーって誰にむかって、もの言ってる？　おまえこそ態度が悪いだろ」と裕太は言い返し、現場を引き上げる展開となった。「確認」だけで済ませるつもりだったのに、いつのまにか現場から帰ってしまったと話し、班のメンバーを笑わせた。「(トンズラは)五年働いた人しかできないよ。真似したらダメよ」と言い、裕太はそこに居合わせた達也に対し、現場からトンズラしたことが父親にばれてはいないかと、しきりに確認していた。現場では怖いものなしで、後輩たちに厳しく接する姿しか見たことがなかったので、彼にも怖いものがあるのだと驚いた。

## 朝会での作業確認

この一件があってから、建設現場での朝会への出席率が低い沖組では、人数合わせのために私も参加することになった。この朝会では、現場監督にランダムに当てられて、従業員がみんなの前で話をすることがあった。沖組にお鉢が回ってくると、必ず私が前に出された。

——　はい。

(他の会社のおじさんから、「返事はいいな」と冷やかされる)

現場監督　会社と名前は？

——　○○建築の応援で入ってる沖組の打越です。

現場監督　今日の作業内容は？

――本日の作業内容は、二階外周部分の材料の搬出です。

現場監督　注意事項は？

――注意事項は、先ほど現場監督さんからの注意事項にありましたように、台風対策で足場のネットがはずされているので、材料の落下を、声をかけあって防ぐことです。あと足元注意、そして熱中症対策で一〇時と三時の休憩を確実にとることです。[22]

――以上です。

（班長から、軽く膝蹴りを入れられる。これ以上話すなという合図である）


多くの従業員から、「ないちゃーは口が上手やっさー」「体は動かんのに口は上手だなあ」「お前の話長いな」と褒められた。いや、からかわれた。この日は一〇時にも三時にも、たっぷり休憩時間があった。だが、私たち新参者は、先輩たちの飲み物を買いに行かされるので、どのみち休めないのだが。

22――一〇時と三時の休憩は、作業の進み具合によって遅れることもあれば、なくなることもあった。

## 怪我の防止と暴力

建設現場では危険な作業が少なくない。そんなとき、若いからとか、まだ未熟だからといって、周囲がなにもせずにいると、一緒に仕事をする従業員がとばっちりを受けかねない。

たとえば、下の階に鉄柱を降ろす材料出しをする際に、私が下の階の従業員に鉄柱を渡す役割を割り振られた時のこと。鋼管をまだ一本しか渡していないのに、下の階の従業員から交代を命じられてしまった。手が滑って鋼管が落下して従業員に直撃したら、大怪我をさせてしまう。事故が起きてからでは遅いので、交代させられたのだ。

現場では怪我をして働けなくなっても、誰も助けてくれない。建設業での労働災害は、熱中症や釘を踏むなど軽度のものから、骨折、脱臼など重度のものまである。どちらにせよ、労災保険制度は会社を通して申請するため、ほとんどの従業員が手を挙げない。制度の存在を知らない従業員もいるが、そもそも会社の事務所は近寄りがたい場所で、労災を申請することは、従業員にとってハードルが高い。この仕事には怪我がつきものだからこそ、作業には慎重さが求められる。ちょっとしたミスが、大怪我の原因となりかねない。だから、後輩の未熟な作業が原因で、先輩に怪我をさせたときには、殴る蹴るといった暴力を受けることになる。

あるいは、建物の屋上に十分なスペースがあって、どこに何を積むか新参者が自分で決めるような場合。鋼管が五〇本あったとして、鎖をかけてクレーンで動かせば、ものの数分で屋上から地上のトラックへぜんぶ積み込むことができる。それを人力でやろうとすると、三、四人でやっても、三〇分以上はかかってしまう。だから新参者は、クレーンがきちんと使えるよう、鋼管の置き場所を決めなくてはならない。

ところが新参者は、大抵そこまで頭が回らない。そのため、鋼管の下に鎖を通しておかなかったり、クレーンが届かない場所に鋼管を積み上げたりしてしまう。その日も、鋼管の置き方がなっていなかった。それを見たベテラン従業員が、「おい、これ、誰が組んだ」と、そこにいた後輩を問い詰めた。じつは中堅の先輩がやったのだが、名前を出すわけにもいかず黙っていると、ヘルメットを装着していた頭をハンマーで殴られてしまった。直射日光が照りつける真夏の屋上で、五〇本もの鋼管をもう一度移動させたり、鎖を通したりしなければならなくなると、どうしても雰囲気は悪くなってしまう。

## 共同作業を乱す者への暴行

沖組には軽作業を担当する女性従業員が一〇名以上はいた。金具を拾い集めたり、板や桟木に刺さった釘を抜いたり、清掃したりするのが、彼女たちの主な作業内容だった。それは軽作業といわれてはいたが、解体作業の中では「軽い」というだけで、世間的には重労働である。男性従業員が重い資材を運び終えた後の片づけをするために、彼女たちは現場に入っていた。

こうした中で、共同作業を乱す者も暴行の対象となった。彼女たちは、他の従業員のことを考えて仕事をしているのは誰で、自己中心的な仕事の仕方をしているのは誰なのか、見抜いているようだった。女性従業員の話を聞いてみよう。

女性従業員　現場行ったら、誰が（作業を）やった後か、わかるんですよ。光司さんは私たちが仕事しやすいようにしてくれてるんです。（資材や金具が混ざって）散らばってるときもあるんですけど、（光司は）金具の種類ごとに分けてくれてて、私たちが次にそこで働くことを考えてやってくれてて、だから、あっ、光司さんがやったんだなって、現場みたら、わかります。

本土の建設業に従事する日雇い労働者の場合、単純作業がメインになるが、地元の後輩を雇い入れてきた沖組の場合、仕事の割り振り方がそれとは異なる。作業には楽なものからキツいものまである。

新参者の後輩は、目の前のことで精一杯で、できる作業も限られているが、何年か働くうちに、できることが増えてくる。ところが、自分にとって楽な作業を優先して行い、全体の作業工程を乱す従業員がいる。女性従業員が言うように、一緒に働いていれば、他の従業員のことを考えて働く者と、自己中心的な働き方をする者とが、それぞれ見えてくる。作業をサボっているわけではないが、働いているようで実際には手を抜いているることが、経験者にはわかる。そういう働き方を繰り返す者は、周囲の従業員に負担をかけ続けることになる。このような従業員は、最終的には先輩から桟木で殴られるなどの暴行を受けることがあった。

## 効率よりも上下関係

自己中心的な働き方をさせないために、建設現場では緩やかな徒弟制《とていせい》がしかれていた。沖組を辞めて、隣町の水道管工事の会社で働き始めた若者がいた。彼によると、「(その現場で) 先輩の仕事が効率悪くても、(そのことを先輩に) 言えない」という。これは沖組にも言えることだった。効率よりも、地元での上下関係が優先されていた。だから、どの班であっても、大まかな仕事のすすめ方に変わりはないが、細かな作業手順が異なることは珍しくない。先輩従業員が決めたやり方や先輩の仕事の癖が班ごとにあって、後輩たちはそれに従っていた。だから、班によって、ひいては会社によって、仕事のすすめ方に違いが生じることは意外と多い。

たとえば同じ型枠解体屋でも、隣町の琉球興業と沖組では仕事のすすめ方が大きく違う。琉球興業は、天井などから外された型枠をその都度まとめたりせず、次々とばらしていく。それに対して沖組は、スラブ落としをする際、天井の鋼管などを床に落としたら整理し、運び出す。この作業を繰り返すのだ。仲里は、「仕事のすすめ方は、会社全体のやり方だから、なかなか変わらない」という。

沖組での作業中に、こんなことがあった。

従業員Ａ　打越、なに突っ立ってる。ここにチェーンひいて、桟木並べろ。

――　はい。

（作業に取り掛かり、桟木を積んだところで、二階から）

従業員Ｂ　打越、なんでそこに桟木積んでる。邪魔だろ、どかせ。まだわからんば。

――　はい。

（私の隣にいた従業員Aを見ずに桟木をどかした。彼はなにもなかったように他の作業をしている）

従業員Ａ　打越、今日暑いから水飲んで来い。

――　はい、ありがとうございます。

沖組では、現場での作業内容は、ほとんどマニュアル化されていなかった。だから、ここで働く後輩たちは、効率よく作業をすることよりも、先輩独自のやり方を少しでも早く理解し実践することが求められる。所属する班の先輩が求める手順と方法で動ける後輩が重宝される。後輩たちにとってそれは、沖組で長く仕事をする上で重要なことであった。

特定の先輩の独自のやり方を踏襲して働くことで、かわいがられるようになり、やがてその先輩のパシリへと落ち着く。その結果、先に見たような暴力の対象から外れていく。先輩みんなのパシリではなく、特定の先輩のパシリになれば、他の先輩からの暴行は減るし、兄貴分の先輩が求める作業を、阿吽《あうん》の呼吸でこなせるようになる。こうして、建設現場の暴力は部分的には落ち着いていく。

## 「時間の話はするな」――一人前への道

健二は沖組の中堅世代に属する従業員だ。中堅となると、現場での作業がキツいかどうかで一喜一憂しなくなる。「どうせやらんといけんのに、仕事は一緒だろ」と言い、作業が楽か否か考えるのも煩《わずら》わしいと思っているようだった。彼のように、作業工程の流れを見ながら黙々と作業する者は、他の従業員から高く評価された。

沖組の現場では、作業の難易度だけでなく、作業時間を気にすることも、よいこととはされていなかった。[23] 時計を気にしながら働いていると、厳しく叱られた。私は現場の士気を上げようと、「あと三〇分で昼飯だ」などと、まわりの従業員によく声をかけたが、その都度、「時計みずに働け。時間の話はするな」ときつく言われた。仕事に慣れた従業員は、作業がつらいとか、なかなか終わりの時間が来ないといったことを意識せずに済むよう、自分の感覚をわざと麻痺させているようだった。

作業時間を気にしなくなるには、延々とつらい作業が続く状況を徹底的に経験するしかない。それで言うと、「屋上への材料出し」は誰もが通る通過儀礼の一つだった。通常、材料出しは同じ階にあるステージへ移動させるだけだが、建物の構造上、それを屋上へ運ばなくてはならない場合もあった。何人かで手分けしてこの作業を行うのだが、その際もっともキツいのは、下の階から、上の階の従業員にサポートと呼ばれる鋼管を押し上げる作業である。五〇〇本ほどあるサポートを、上の階で受け取れる高さまで延々と持ち上げる。この作業を私が任されたとき、上でサポートを受け取る従業員が、できるだけ低い位置で受け取ってくれたり、勢いよく引っ張ってくれたりした。私のやるべき作業を助けてくれたのだ。

「屋上への材料出し」で、サポートを上の階へ延々と押し出す作業のつらさ、なかなか終わらないという時間感覚、こちらの力不足を黙って補ってくれた先輩従業員の思いやり。そのすべてを体に染み込ませることで、以前はつらかった作業がそうでもなくなり、作業時間も短く感じられるようになる。他の従業員のために汗をかくことが、苦痛でなくなる。こうしたプロセスをへて、新参者は一人前になっていく。

## 現場に鳴り響く音と段取り

新参者も、こうして五年ほど働くと、一人前になる。作業工程も頭に入っているから、どういう段取りで仕事が進むかもわかるようになる。どの段階にあるかを知る上で役に立つのが、現場に響く作業音である。

たとえば、コンプレッサー（空気圧で釘抜きを行う機械）なら「スコン、スコン」、ハンマーならカンカンカンという音がする。階下で左官屋がサンダー（サンドペーパーを底面に装着して細かく振動させることで壁や木材を研磨する工具）をかける際の「シャーーーーッ」。これら作業音のなかで最も重要なのが、隣の部屋でスラブが天井から落ちる際の「ガッシャーン、バランバラン」という音だ。

型枠解体の仕事には、壁に固定された鋼管を、ジャガネという留め具を外して落とし集めて、ベニヤ板をはぎとり、Ｐコン（型枠を固定するねじ）を外すという一連の作業

23――建設現場あがりの社会学者である岸政彦は、その経験から、建設現場で働く感覚について次のように言う。
「基本的には、仕事時間のあいだずっと、重い、とか、寒い、とか、辛い、という感覚を感じ続けるのである。こうした「身体的な感覚を、一定時間のあいだ中ずっと感じ続けること」が、日雇いの肉体労働の本質だな、と、自分でやってみて思った」（岸　二〇一五：一三八―一三九）

手順がある。屋根を支えるサポートの本数を減らしていき、最後にスラブが床に落ちれば、その部屋の作業は完了だ。だから、建物の部屋の数だけ「ガッシャーン、バランバラン」が鳴り響けば、型枠解体屋の現場での作業は終了である。

現場では、言葉でコミュニケーションをとることは、ほとんどない。わからないことがあっても、言葉で確認しようとすると、「うるさい、自分で考えれ」と叱られる。口頭で指示が出されるとしても、「とれ」とか「下行け」といった単語でしかない。「とれ」というのが、はたして「外せ」を意味するのか、「持ってこい」を意味するのか、最初のうちはわからない。「下行け」にしても、休憩という意味なのか、階下に行って他の班の手伝いをしろという意味なのか、はたまた、上から資材を運ぶからそれを下で受け取れという意味なのか、まったくわからない。といってもそれは、作業状況が見えていないからわからないのであって、段取りが呑み込めるようになって、いまどの段階に来ているかがわかるようになれば、単語だけでも十分にコミュニケーションはとれる。

新参者にとっては、現場の作業音と、ワンフレーズの指示だけで作業を進めるのは難しい。五年ほど勤めることで、現場の作業音によって、どの部屋で何が行われているかを把握し、全体の流れを見ながら、自身がやるべき作業がわかるようになる。

## 事務所の近寄りがたさ

沖組の従業員は、なぜか事務所へは近づきたがらない。それが私には不思議だった。ある日の夕方、仕事を終えた私たちの班は、慶太が前借りをするというので事務所へ向かった。到着すると、慶太は「弁当代」を理由に社長から数万円の前借りをして、すぐに現場号に戻ってきた。私は運転手の健二から、事務所の冷蔵庫にある飲み物をもらってくるよう言われ、社長と少し話をしてから、班の人数分だけレモンティや発泡酒を頂戴して、みんなに配った。

健二や慶太ら従業員は、事務所にはあまり足を踏み入れようとしない。社長とも、前借りをする際の、弁当代が必要だからというふうにいつもの理由を伝える以外、ほとんど話をしない。だから、部外者の私に、飲み物をとりに行かせるのだった。社長が近寄りがたいからではない。むしろ社長は気さくな人柄で、よく声をかけてくれる。ではなぜ沖組の事務所は、従業員にとって足を踏み入れにくい場所なのか。

沖組では、数時間残業をしたからといって残業代を請求したり、現場で釘を踏みつけて怪我をしたときに労働災害の申請をしたりするのは避けるべきこととされていた。そうした振る舞いは、沖組だけでなく、おそらく建設業全体で格好が悪いことと見なされていた。

他の多くの製造業では、こうした見方は共有されていない。たとえば、自動車塗装工として働く悠馬は、社長と給与の交渉をすすめて、大幅な増額を実現した。隣町の小規模な土木会社で働く男性も、後輩たちの雇用条件の改善を訴えて、社長と交渉していた。ある工場の社長は、従業員の能力と働きぶりを認めながらも、それを給与に反映させていなかった。土木業の社長は現場に出てこない人で、班長を務める男性が現場を仕切っていた。ここに挙げた経営者に共通しているのは、現場には顔を出さない、ということだ。

それに対して沖組の社長は現場上がりで、かつての現場は、今よりもっと厳しかったと考えていた。いまよりキツい言葉が飛び交い、先輩からの仕打ちはもっと荒々しくて、仕事ができない者は容赦なく現場から帰された。従業員も、社長が現場をそのように捉えていることを知っていた。従業員が刑務所に行ったり、罰金刑を受けるといった危機的状況に陥ったときには、社長は面倒をみてくれるが、通常は（前借り以上の）借金には応じない。「特別扱いはしないよ。あまやかさんよ」と言う。こうしたなかで、仮に一人の従業員が給与を上げるよう交渉をしたと周囲に知られれば、身の程知らずとしてつるし上げられるだろう。だから、残業代の請求すら、誰もがやろうとしなかった。

沖組の給与額は、従業員の能力や職位に応じて決められていた。誰がどれくらいもらっているのか、お互い把握していた。こうしたなかで、事務所へ入って社長と話をすることは、こっそり自分だけアピールをしたり、他の従業員の現場での働きぶりを告げ口しているように映ってしまう。だから沖組では、他の従業員に誤解されないよう、事務所に近づくことや社長と話すことは極力避けられていたのだろう。

　裕太が言うように、沖組において社長は「親分」であった。「兵隊」である従業員は、後輩や同僚に文句を言うことはあっても、社長や会社について不満を言うことはない。むしろ前借りをさせてくれ、ピンチのときには罰金の肩代わりをしてくれる、理解ある社長だった。仲里は「稼いだもん勝ちだばーよ。あんな前貸しする会社ないよ。あんなしてるんだから、（社長は）相当儲けてるはずよ」と言う。沖組の社長と従業員たちは、このように安定的な関係を築き上げていて、それが経営の基盤にもなっているのだった。

## 4　週末の過ごし方

　建設会社で働いていると、休み明けの月曜の朝に憂鬱《ゆううつ》な気分になったり、逆に金曜、土曜には、あとひと踏ん張りで仕事が終わるという高揚感を味わったりと、今日が何曜日かを強く意識するようになる。他方で、季節や暦、祝日などを意識することは、ほとんどない。月曜から金、土までの労働に耐えることと、土曜の夜の街へ繰り出すことはセットになっていた。

　地元の建設会社で働くということは、地元の中学の卒業生や暴走族で形成された「しーじゃとうっとぅ」の世界で生きるということだった。そこで流れる時間は一週間を単位とし、それが延々と繰り返されるのだった。そこでの上下関係は、建設現場だけでなく、週末の繁華街でも変わらない。

## 送別会の夜

二〇〇八年、その年の沖組での調査を終えた私のために、従業員が送別会を開いてくれることになった。夜の送別会にそなえて、前日の夜はたっぷりと睡眠時間をとった。会場は地元のボウリング場で、送別会は七時から始まる。その前に、事務所に立ち寄って今月分の給料を受け取った。一日六五〇〇円で、計八万四五〇〇円。それが私の給料だった。明日、内地へ帰る私だけの給料日。光司たちから、いくらもらったか聞かれた。隠せる雰囲気ではなかったので正直に答えると、「(日給で)二〇〇〇円分しか仕事してないだろ」と突っ込まれた。給料袋を持ったまま、ボウリング場へ向かった。沖組の従業員がすでに二〇名近く集まって、泡盛を飲み始めていた。ほろ酔い状態でボウリング大会は始まった。

三ゲームを終え、ゲームの勝敗がついてきた。ギャンブルで負け知らずの光司と、たまたま調子がよかった後輩の二人以外は惨敗で、意気消沈している。そのタイミングで光司が、勝者同士で最後の一ゲームをやって終わりにしようと言い出した。勝ち残っていた後輩は苦笑いで、「勝ち逃げさせてくださいよー」と言うが、まわりの敗者たちは彼を道連れにしたいから、参戦するよう促した。惨敗したメンバーは最後の一ゲームを見学し、場を盛り上げる側に回った。

この時点で仲里は、二万円近く負けていた。彼の所持金と生活資金を考えたら、そこで止めておくのが妥当だった。しかし貫太は、「どうせ負けなら、最後の一勝負で、仲里、えっ、一発逆転よ」と煽って、仲里に一万円を貸した。仲里を加えた三人の勝負でトップを取れば、彼のこの日の負けはチャラになる。借金をしての参加だったので、仲里の金銭感覚は麻痺していた。

ほどなくして決着がついた。またしても仲里は惨敗した。勝敗を決した最終第一〇フレームでの仲里の投球は、重苦しい空気に包まれていた。二万円近く負けていたところに、貫太からの借金、一万円が加わった。思わぬ結果に仲里は、放心状態だった。

このように貫太は、ことあるごとに地元の後輩に借金を持ち掛け、その利子で小遣い稼ぎをしていた。中学生の頃の彼は、後輩からの金銭せびりを繰り返す「やっけーしーじゃ」だった。やっけーしーじゃとは、やっかいな先輩、つまり後輩に対して理不尽な言動を繰り返す先輩のことである。

後輩の上地はその最大の被害者で、いまだに貫太の前に立つと体が震えるという。貫太からの借金は、一カ月につき利子一割というルールだった。地元のメンバーの話によると、いろんな後輩にかれこれ一〇〇万近く貸しているようで、彼は月に十万余りの利子を得ていた。健二は三万円借りて、三年近く利子を払い続けていた。この日のように、ギャンブルで所持金がなくなっても、貫太から「借りるか」と誘いがかかるので、後輩たちは簡単には帰れない。時々、利子が払えず内地に飛ぶ後輩が出てくるが、しばらくすると「足がつく（居場所がバレる）」。この仕組みは、貫太が地元でつくりあげたネットワークと、地元での彼の権威で成り立っていた。

ボウリング大会の後は、トランプで朝まで盛り上がった。私の給料も半分以下になり、放心状態のまま帰路についた。

## 先輩たちとのギャンブル

沖組の従業員ではなかったが、隣町の建設作業員だった大地は、先輩たちとのギャンブルについて、これまでの経験を教えてくれた。

**大地**　（先輩たちとギャンブルして）一万（円）勝ちして、（怖くなって）一万（円）お金、返そうとしたけど、（負けて）チャラにする二万賭けの最後の大賭けでも、（間違えて）勝ってしまって、これで、（キャバクラに）二軒も飲みに行ったやっさー。「俺たち、ただで飲んでるよや」（って先輩たちが言ってた）。全部、そこで使ったよやー。

……

大地　絶対、先輩とは（ギャンブルを）やりたくない。絶対、抜けれない。しーじゃとソロ[24]やったことあるけど、最終的に人数減ってきて、最後、じん［お金］返そうかなあって思ったよ。朝八時になって、鳥がチュンチュン言ってるさ（笑）。これ、もう、じん返そうかなって思ったけど、意地なってから。爆弾（大当たり）が出てから、先輩が「やー［おまえ］が積んだら（カードを配ったら）、出るなー」ってから（嫌味を言われた）。あー、一万は勝ってるやっさー、一万置いて帰ろうかなあって。

……

大地　（パチンコ店で）先輩が大負けのとき、俺、ちゃーでー［大フィーバー］してるわけよ。「わー［俺］が入れた（その台につぎ込んだ）のになあー」って（先輩が言って）、（俺は）しにあふぁーさ［とっても微妙な雰囲気さ］。

――先輩の打った台は、打ったらあかんですね（笑）。

24――ソロとは、沖縄で流行っていたローカルギャンブルである。参加者にトランプを二枚ずつ配り、その組み合わせに応じてお金を賭ける。何度も繰り返し行われ、ひと晩で数万のお金が動く。同じトランプゲームである大富豪と比べて、配札による運が勝負を左右する。そのため、先輩がつねに勝つとは限らず、場が荒れることが多い。

2-6

建設現場の昼休みに行われるトランプ

**大地**　終わってから、「何枚で出た」ってから（先輩に聞かれて）、「一〇枚」って言った。あふぁーよ［微妙な雰囲気よ］。

建設業の従業員同士で行われるギャンブルでは後輩は楽しむことはできないし、勝つなどとんでもないことだった。だからといって、見物し続けるわけにはいかないし、帰るわけにもいかない。そんなとき、どうすればいいのか。

ここで注目したいのが、中堅従業員による「かきまわし」だ。

たとえばダーツをするとき、先輩たちはやりなれていて技術もあるが、後輩たちはまだ未熟で、そのままでは勝負にならない。そこで中堅メンバーは、後輩にハンディを与えたり、チーム戦を提案したりして、場を盛り上げる。このように、いつもと違って実力通りにならないよう演出することが「かきまわし」である。先輩たちも初戦で圧勝したりせず、わざと僅差《きんさ》の展開になるようにして「餌《えさ》をまく」。その上で「もう一回」と誘い、最後の大勝負へともっていく。最終的に中堅メンバーは、大勝ちも大負けもしないポジションに落ち着き、先輩たちはその場の掛け金のほとんどを、最後の大勝負で回収するという、いつもの展開に落ち着く。[25]

## ナンパから、キャバクラ通いへ

建設業の従業員が、ギャンブルとともに週末の楽しみにしていたのがキャバクラ通いだった。一〇代の頃はバイクにまたがり女の子をナンパしていた彼らも、年齢を重ねるなかでキャバクラを楽しむようになる。

**上地**　昔は（女の子が）すぐ（エッチを）させるのが多かった。今の時代はそうでもないけど、誘ったらすぐだったのに、乗りたがり。

**大地**　ナンパ待ちがいたわけよ。

25――もちろん、手違いで後輩が大勝ちすることもある。そうすると、後輩は負けたとき以上の大変な目にあった。その詳細については『地元を生きる――沖縄的共同性の社会学』（岸ほか 二〇二〇）を参照のこと。

上地　コンビニとかで、すぐわかりますよね、ナンパ待ってるの。
宮城　昔、バイクで女に声かけて、すぐだよ。「乗るか」って、すぐ。
——すぐホテルいくの？
宮城　あたりまえさ、俺なんか暴走どころじゃない。
大地　下半身、暴走してる（笑）。
宮城　ちょっと、一周くらい、（バイク乗せて）まわってから、すぐ（ホテルに行く）。
上地　ちょっと、（もう一人の男の友だちと）作戦考えとくんすよ。二台でそれぞれ（女性を）一人ずつ乗せて、ちょっとあいだ（車間距離）あけて（走って）、誰かがスピード出して、そしたら（お互いに）見えなくなった時に、（離れたバイクの運転手に）電話して、「巡査にわーぎられてるばーよ（追いかけられているんだよ）」って（いう嘘を）言って。（友だちと合流できない展開にして、二人きりの状況にもっていって）そのまま、ホテル。
……
上地　（女の子は気分が）病んでる時は、（エッチの相手は）誰でもいいみたいです。それで癒されたいみたいです。
大地　これは飲み屋（キャバクラ）の女に聞いたけど、どうでもいいってときは酔っぱらって（誰とでもやるって）。

上地　彼氏と他の人とやるの（は）違うさ、それが気持ちいいみたいです。どんな下手くそでも気持ちいいみたいです。

若い頃は建設現場であびられ［怒鳴られ］、くるされ［しごかれ］ながら働き、週末になると遊びに精を出す。そうやって現場で溜め込んだものを、一気に発散させようとしていたのだろう。そんな彼らも年齢を重ねて、ナンパができなくなっていく。

健二　（ゴーパチで暴走し、女の子をナンパしまくっていた）上地の時代は終わった。

上地　いま吉原《よしわら》[26]しか行ってない。今、ナンパしても、かかる確率が少ないわけ、歳（三〇代に）なってるからだわけ、（ナンパしても、女の子に）「ひげ生えとるねえ」って言われる。

健二　「おじさん」って言われたら、どうする？　ショックだよ。三〇（歳）超えたら香水つけんといけんばーよ。

宮城　おでこもテカってる、おでこと鼻（ナプキンで）やってごらん、ほらあ。

上地　上等の洗顔（料を）使ってるから。

26――吉原とは、沖縄市にある風俗街である。

健二（嫁に）加齢臭のにおいするって言われたから、香水買ったよや。

彼らはナンパを卒業し、キャバクラ通いへと移行する。行き先は決まってT地区の地元の後輩がボーイをしている店だった。

この日も、沖組で働く従業員四人で繁華街に向かった。健二、宮城、アツキ、私の四人である。メインストリートの路上で、宮城が知り合いのボーイと条件交渉を始める。「（キャバ嬢が俺たちのテーブルに）三名つかんかったら、ゆるさんよ」とボーイに伝え、交渉は成立した。

私たちのテーブルについたのは、健二が指名したアイ、宮城の知り合いのミユキ、そしてもう一人の女性の三名だった。健二はさっそくアイを相手に熱心に話し込んでいる。ミユキは宮城のことを「宮城にーに」と呼び、「宮城にーに、やさしいからね。ミユキ、二一歳になったよ」と話しかける。ミユキが一七歳の頃から、二人は知り合いだったようだ。

ミユキは、宮城の知り合いの男性の名前を次々と出して、店に来てくれたとか、最近どうしているとか、積極的に話題をふる。タトゥーやオラオラ系ファッションの話題にも、ついてくる。下ネタにも乗ってきて、「キスは五分くらいしたいな、けど、ちっちゃいのは嫌だー」とぶっこんでくる。すかさず宮城は「だってよ、打越」と私をいじり、テーブルは最高に盛りあがる。

礼儀をわきまえながらも、乗るところは乗る――。宮城たちの妹のように振る舞うミユキの受け答えは、洗練されたものだった。宮城たちは、いつもは一時間で店を変えるのだが、この日はミユキを指名し、時間を延長した。

宮城たちも歳を重ねることで、若いキャバ嬢を口説くためではなく、楽しく飲むためにキャバクラに通うようになった。キャバクラで「楽しく飲む」ということは、自分たちが中心になって会話が進むということだ。キャバ嬢だけでなく建設業のうっとぅたちも、お店での一時間がそういう時間になるよう気をつかっていた。

キャバクラの店内でもパシリとして雑用をこなす私に対して、宮城ら先輩従業員たちは頻繁にいじってくる。打越はあびられ［怒鳴られ］たり、厳しい仕打ちに遭うのが好きなんだと、キャバ嬢たちに吹き込み、トイレから戻ってきた私が女性から突然ビンタをくらい、吹き飛んだメガネを手で探すという横山やすしのネタで、テーブルを盛り上げる。キャバクラへ行くと、これが定番となっていた。沖組の従業員たちとキャバクラへ行くと、こうしたチームプレーが毎回展開されるのだった。

## ダービーレースと忘年会

沖組では夏のビーチパーティと釣り大会、そして年末の忘年会が恒例行事となっていた。

2-7

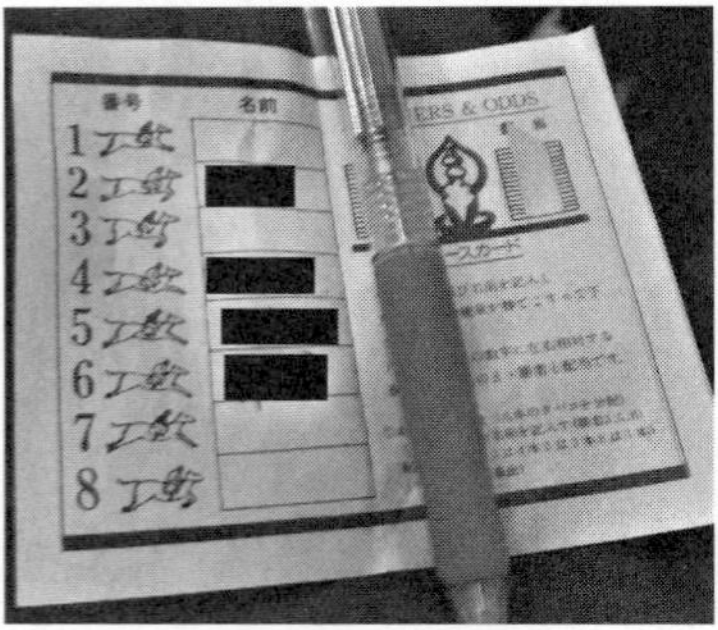


ダービーレース（削りくじ）

二〇一四年の忘年会には一七人が参加した。会場は居酒屋の個室。午後八時に始まって、ダービーレースという削りくじ[27]に全員が参加し、閉店となる午前一時まで延々と続けた。参加者への還元率が一〇〇%なので、いやがうえにも盛り上がる。私は限度額を一万円に設定して挑んだが、早々に負けが込み、気がつくと財布が空っぽになっていた。仕方なく見物する側にまわったが、一〇時頃には参加者の半数以上がダービーレースから脱落していた。

盛り上がっている私たちのテーブルで、二〇歳手前くらいの金髪の新米従業員が、一人で黙々と全員分の泡盛をつくっていた。手伝おうとすると、「これは俺の仕事ですから」と言って、最後までやりきった。彼をのぞけば全員、六年前に私が働き始めたときからのメンバーだった。若手が減ってきていた。

三〇代の中堅世代の多くが隣町の出身で、T地区の中堅世代は、ほとんど残っていなかった。忘年会に参加していた光司は、同じく忘年会に参加していた竜二、よしきの二人と、いっとき険悪な関係になっていた。竜二が上地をいじめたのがその理由だった。

だが、一次会はトラブルもなく終わった。ダービーレースのほうは、途中まである後輩が四万ほど大勝ちしていたが、光司の集中攻撃によって、ボウリングのときと同じように半分もっていかれた。忘年会のような場で、勝ち逃げはできない。光司から「あと一回」と言われれば断れない。結局、光司の「あと一回、最後よ」は、一次会だけで一〇回を超えていた。

一次会の店を後にして、ダンスクラブのある繁華街へ向かう。光司は婦人用サンダルを履いていたため、ダンスクラブではなく、数人引き連れてスナックへ行くことになった。光司と別れた後、残りのメンバーで繁華街を歩いていると、沖組を辞めた上地と鉢合わせになった。健二に呼ばれて、飲みにきていたのだった。

上地を見つけるやいなや、よしきが「沖組、辞めたもんがなんで来てるか」とぶち切れて、殴りかかった。そんなよしきに対して、健二は「上地やるんだったら、まず俺をやって」と言って制止しようとした。その場にいたひろしも間に入ったものの、顔を殴られ、流血した。他の従業員も止めようとして、怪我を負った。

27――ダービーレースとは、写真2‐7のような削りくじである。左側の番号の隣に名前を書き込み、一口一〇〇〇円を払う。当たり番号と配当が書かれた右側を硬貨などで削ると「配当」が出てくる。これに基づいて賞金を割り振る。技術も経験も不要な、完全に運で決着のつくギャンブルなので、初心者でも参加しやすい。

結局、総勢二〇人がかりでよしきを押さえつけることで、上地への暴行はようやく収まった。沖組の忘年会は、延々と続くギャンブルから暴力トラブルへと思わぬ展開をし、なんとも重苦しい雰囲気のまま、お開きとなった。

## 仕事と週末と夜の世界

後日、後輩たち三人が、忘年会のあった日のことを振り返った。

上地　忘年会の時、（よしきが）怒ったじゃないですか、あれ何で怒ったんですか？

宮城　おまえが悪い。おまえがしっちー［頻繁に］仕事休むから、（よしきは）便乗してやってるわけ。浩之にイライラして、酒も入りました。ダービーカード（ダービーレースのこと）やって、仲里と後輩の直樹がちゃーとりーして［大勝ちして］、この直樹が、笑ってる顔に（先輩たちは）イライラしてるわけよ。

――そりゃ、勝ったら笑いますよね。

宮城　ストレスが溜まって、溜まって、最後にまた溜まって、これで（怒った）だわけ。

上地　健二にーに、自分が（先輩に）やられると思って逃げてある（逃げたでしょ）。

健二　逃げてない。やー（上地）を（先輩が暴れて殴る前に）どっか行かしたかったばーよ。(それなのに)やー［おまえは］まだいるさ。わー［俺］、先輩の性格わかるのに。(おまえがそこに)いたら余計に怒るから。

……

**健二**　昔、(先輩に)反抗してから、三日間くるされた。会うたんびにやられてたから、これで(自分は後輩に暴行を)もうやらんくなった。ただ、「あがー［痛い］」って言っただけだよ。めんどくさいさ、めんどくさいこと嫌い。

健二は先輩にくるされ［しごかれ］た経験から、どんな場合に先輩が機嫌を悪くするのか、ポイントを教えてくれた。ギャンブルで負けが込んだり、キャバクラで後輩がちやほやされたりして、その場を仕切るのが自分ではなく後輩だったりするとイライラするのだった。

建設現場での上下関係は、週末や年末のギャンブル、キャバクラで盛り上がるときにも反映される。毎回、似た展開となるそこでのやりとりは、一見すると変化のないものだが、先輩と後輩の力関係を確認する大事な機会である。先輩は暴力をすら用いて、自分のほうが上だということを見せつける。このように、仕事と週末と夜の世界は切り離されておらず、それによって沖組の人間関係は維持されていた。

## 5 沖組を辞めていった若者たち

沖組の従業員にとって、地元社会は職場であると同時に生活の場でもあった。ところがある時期以降、おもに暴力による世代間の分裂が深まっていき、いく人かの従業員が去っていった。仲里もそうして辞めたうちの一人である。ここでは仲里をはじめ、沖組を辞めていった何人かの若者について描く。

### 「ズルズルきてしまった」――仲里の生活史

午前一〇時過ぎ、仲里が宿舎まで車で迎えに来てくれて、パチンコ店の食堂[28]へ肉そばを食べに行った。「小学校の時、俺、野球やってたんだぜ」と彼は切り出し、これまでのことを話し始めた。中学では学校をサボって、健二たちとカラオケボックスに通っていた。そのため欠課が多く、進学は難しいと先生に伝えられた。彼が小学生のころ離婚して家を出ていった父親は鉄筋屋[29]だった。彼も中学を卒業してすぐに父親とは別の会社の鉄筋屋となった。

仕事の現場は、激しい暴力の世界だった。

（TVで警察24時のDV特集をみながら）

**仲里**　要は、俺らって、（建設現場で）こんなって、死にはんじゃー［死に損ない］まで、人に殴られたからよ。

――　仲里さんは、くるす［殴る］ってありました？

**仲里**　俺は、奥さんには手は出さないよ。男が手ー出したら大変なるやし。

しばらくして彼は鉄筋屋を辞め、その後は仕事も生活も不安定な時間が続いた。

**仲里**　マシン屋［パチンコ店］に生涯で一〇〇〇万くらいはつぎ込んだな。一七、一六（歳）くらいから、毎年一〇〇万以上突っ込んでた。トゥジ［嫁］の給料も突っ込んでた。離婚したときにまわりに友だちいないときついよな。あんまり友だちいないところにいたら、ノイローゼになる。俺もあれなのに、離婚してから沖縄おられんくなってから、そうとうノイローゼになってからに。要は〇〇（隣町）の先輩

28――沖縄には、食堂を併設するパチンコ店がよくある。沖縄そばや定食を提供する大衆食堂であり、パチンコで負けた客でも利用しやすい価格におさえられていた。

29――鉄筋屋とは鉄筋工のことであり、コンクリート製の建物の壁や床、天井に用いる鉄筋の骨組を組み立てる仕事である。

がやってるキセツ、紹介してもらって、はじめは三重、京都、岐阜、千葉、神奈川って、車の工場。建築業では行ってない。工場も大変だな。ずっと同じことを繰り返すから、相当時間を長く感じる。

仲里は一〇代の頃、キセツに行き、内地で働いていた。もともと季節労働とは、北海道や東北地方などの農業従事者が農閑期に都会へ働きに出ることを指していた。それに対して、私が調査した沖縄の周辺層の若者たちは慢性的な失業状態にあるため、季節に関係なく内地へ出稼ぎに行く。これを「キセツ」と呼んでいた。仲里はキセツで各地を転々とした末に、地元のT地区に戻ってきた。それから沖組で一〇年以上働いて、仕事では一人前になったが、このまま今の仕事を続けていいのか、将来の生活はどうなるのか、不安を抱えていた。

仲里　前から（解体屋の仕事の）見切りをつけたかったけど、ズルズルきてしまった。だって（解体屋は）覚えるってことないもん。誰でもできる。「こんな仕事は、年とってからやれ」って言われる。大工とかみたら、ほんと職人だなって思う。何にもないところから、家の形が（現れて）図面みてあんな建てていくのみたら、すごいやっさーって。将来を考えたら、一番怖い、今この仕事やってて、もうあんな五

○、六〇（歳）でできる仕事じゃないさ、はっきり言って。
太一　だからよ。
仲里　しかも退職金とかもない。
――　年金とかは。
仲里　払ってん。
太一　免除手続きよ。
譲司　もらえないんじゃない。もらえても、でーじ［とっても］安いはずよ、（月に）三万とか四万とかなはずよ。

仲里は借金を重ねていた。大手金融会社から借りて、引っ越すことで借金を踏み倒すということを繰り返していた。彼は「住民票、移さんかったら、大手（金融会社）は追いかけてこない。そもそも俺、いま住民票もどこあるかさえ、わからんしよ」という。借金を踏み倒す代わりに、年金や各種保険などの公的扶助を受けられなくなっていた。何度も家賃を滞納して、マンスリーアパートや、友人から又借りしたアパートを転々としていた。仕事も生活も不安定だった。不安を打ち消そうとするかのように、彼は沖縄で一〇年以上働いてきた。なかなか決断できないなか、あるトラブルが起きた。

### 達也への暴行、そして離職

先述したように沖組では、先輩から後輩への暴行は珍しくなかった。しかし、二〇一二年には四〇代後半の従業員であるよしきが、三〇代の中堅従業員である達也へ暴力をふるった。この一件をめぐって沖組は揺れた。

仲里　達也にーにが、よしきにーにに殴られてるわけよ。殴られてから、これ（この暴行について）聞いてから、（誰も得せず、地元の秩序が壊れる状態について）バカじゃないみたいな。

――お互い身内じゃないですか。

仲里　だから、なんか引き合わんさ。これでなんか言ってから、こんなって殴ったーるさ。だから辞めたのに。

――（達也を）殴ったのは、仕事が遅いとかって殴ったんですか。

仲里　仕事休んでから、要は（よしきの）鬱憤《うっぷん》がたまってたんだはず、酒飲んでから来てたって。これで殴られてからの。（それで俺は達也さんに）いいよ、じゃあ、もう一緒に辞めようってから（持ちかけた）。

よしきはなぜ達也を殴ったのだろうか。達也はなぜ一〇年近く勤めた沖組を辞めてしまったのだろうか。よしき、達也それぞれの事情を、仲里の見解をもとに読み解いてみたい。

## 「今の若いのはあまえてるよ」――よしきの生活史

よしきは、本土復帰前の沖縄で生まれた四〇代の従業員だ。一〇代の頃は暴力トラブルも多く、地元では恐れられていた。父親は暴力団に入っていて、彼も後輩を引き連れて暴力団に入った。しかし、彼が入ったのは父親と敵対する暴力団だった。父親に反抗する気持ちはなく、たまたま誘われたのが敵対する暴力団だった。復帰直後の沖縄では暴力団同士の抗争が激しく、彼もそれにかかわって実刑判決を受けた。

――暴力団に出入りしてて、警察につかまったりなんかはあったんですか？

よしき　自分がやったのは傷害の罪名だけど。一年一〇カ月、刑務所。

――相手が病院送りなったみたいな感じですか。

よしき　うん、病院送りっていうか、殺すつもりだった。仲間が止めたから、殺さなかった。金属バットと木製バットもって、三名みんな半殺しにして、殺して「ぶん殴って」。で、（相手が）倒れてるのを車でひき殺そうと思ったら、仲間が止めたから、ひき殺さなかっただけで。このとき、ひろしもこの車の後ろ（の席に）乗ってるから、あれもよくわかるよ。

――それは、どういう怒りだったんですか？　お金がらみですか？

よしき　ううん、ただただ、友だちと待ち合わせしてる場所に、あの抗争終わって、敵対する組の相手が来てから。

――はいはい、抗争だったんですね。

よしき　これで、もみ合いなってから、俺がぶちぎれて、みんな半殺しにしてから。

――なるほどー。組の抗争は、やるかやられるかみたいなとこあったんですかね。

よしき　それがあるからよ、やられたら終わりさ。で、殺して［ぶん殴って］最後にひき殺してやろうしたら、このとき、ひろしが俺の車の後ろに乗ってたわけよ。他の仲間が止めたから、ひき殺さなかったけど、だけどこれで刑務所行ってた、一年一〇カ月。

刑期を終えて出所したときには、よしきが所属する暴力団は解散していた。そこで別の組の運転手をしていたが、雰囲気があわなくてしばらくして辞めた。その時、康夫社長に誘われ、沖組で働き始めた。

よしき　それで、康夫社長と一緒に、立ち上げたときから沖組に入れられた。（沖組の）親父に拾われなかったら、まだまだ（落ち着いてなかったはず）。

――それこそ、沖組で働き始めて、そちらの世界との縁も切ったみたいな？

よしき　うん。これからはもう、（暴力団は）だめだなあって思って、これからほんとの堅気《かたぎ》になって、仕事やりはじめた。で、沖組の親父と知り合って、今にいたってるわけよ。

――あっちの業界でだめだなって思ったきっかけというか決め手みたいなのは、どういうところだったんですか。

よしき　自分がいた組とも何もかも違うし、自分の考えも大きさも何もかも違うさ、これからもうだめだなあと思って。これから、堅気になったわけ。堅気になって今の親父と知り合って、これから。

沖組で働き始めた頃、よしきは二度目の結婚をした。

――結婚はいつ頃されたんですか？

よしき　十何年前かな、その前に結婚して、前の女房と別れて、今の女房と一緒になって。

――今の奥さんとは、もうずっと一緒で？

よしき　ずっと一緒だよ。

――お子さん、何名いるんですか？

よしき　三名。

――三名、今の奥さんと東京で生活されたんですよね？

よしき　東京に行って子どもが病気になって、そのお金を一年間働いて、借金して返した。今のかみさんとこんな一緒になってから、子どもも生まれて、まじめになったわけ。今のかみさんがいなかったら、俺はだめなってる。

――今の奥さんから、どんな影響を受けたんですか？

よしき　最初は、ただつき合ってるだけだったけど、やっぱし子ども身ごもったから、これからさ。それからは自分の気持ち変えて、まっとうにしてきたけど。

――誰もがまねできないことですよ。東京のときは土木ですか？

よしき　ううん、大工。家族まもるためだったら、なんでも、仕事やる。自分の本職の仕事じゃなくても、俺なんでもやる。生活まもるためには。うん、だから何でもやる。やろうと思ったらなんでもできる。放火もできるよなあ？

――まあ、そういうことですよね。

よしき　強盗も放火も何でもできるよ。

沖組で働き始めたよしきは二度目の結婚をし、子どもができた。家族とともに東京で暮らしていたときに長男が病気になり、借金をして治療費を払った。その借金は、懸命に働いて完済した。

よしき　（建設現場で、俺は）若いのに（対して）やさしくなったんだよ。昔は（若い従業員への対応が）もっとひどかった。（今は）仕事も教えてるのに、若いのはすぐ休むさ、仕事もできんのに。また月曜から、なんもなかったように出てくるさ。（俺たちのときは）うちくるされて［ぶん殴られて］たよ。今はそんなのないのにやさしくなったんだよ。

――まあ、そうですかねえ。

よしき　おれが若いとき、誰も助けてくれなかったし、それが当たり前だったよ。息子が病気になって、治療費が数百万必要ってなったとき、すぐにタバコも酒もやめて働いて返したよ。そんなのがあるから、今の若いのはあまえてるよ。

二〇一二年の夏、よしきは達也に暴行を加えた。よしきからすると、かつての現場と比べて条件や雰囲気がましになっているにもかかわらず、若い従業員があまえているように見えて苛立《いらだ》ち、それが暴行という形をとって現れたのだった。

## 達也のスロット通い

当時、スロットにハマっていた達也は、朝からパチンコ店に通い詰め、仕事を休むことが続いた。連日、猛暑が続いていていたことも、仕事を休む理由になっていたようだ。そのことで、よしきから暴行を受けた。先輩であるよしきに対して、体力的には勝る達也がやり返すことはなかった。

達也は妻と四人の子ども、そして一匹の「わんこ」と暮らしていた。私と同い年（当時、三二歳）で、建設現場で調査をしているときは、よく面倒をみてもらった。達也は、地元の先輩である裕太と同じ高校に進学したが、すぐに中退した。裕太から沖組で働くよう勧められたのが決め手となった。

その後、一五年近く沖組で働き、中堅世代として精力的に仕事をこなしてきた。ただ一方で、彼はスロットが大好きで、仕事を休んではパチンコ店に通っていた。看護師の妻もスロットが大好きで、交代で子どもの世話をしながら、それぞれスロットを打ちに行っていた。そんなある日、スロット通いが原因で、彼は家を追い出されてしまった。

達也　今日もおうち出されてたんだよ。

――　どこに行ってたんですか？

達也　車で寝泊まりさ。

――（笑）。

達也　かわいそうに。北谷の駐車場よ。携帯充電もできるやし、充電器もって。

――本格的ですね、飯は？

達也　食べてないって。

――追い出された原因は、スロットですか？

達也　……。

――何日、出てたんですか。

達也　三日。

――（妻の性格がきついところが）うちと似てますねえ（笑）。けど、「出て行け」って言われて、出て行くとこがえらいっすよね。三日間も出るっていうのはなかなかですよ。帰って来たのは、帰宅の許可が出たんですか？

達也　無理やり入った。やー［おまえ］が来るって言うから。

――そうだったんですか。俺も時々追い出されるんですよ、こっち来ていいですか？　そっちが追い出されたらうち来て、うちが追い出されたらこっち来てみたいな（笑）。

達也　いいな、一緒だったらどうする？

――二人で追い出される可能性も高いですね。

達也はスロット通いをやめられなかったが、家庭を壊すようなことはしなかった。スロットと同じくらい子どもとの時間を大事にしていた。私は彼から、「(子どもと)遊んでるば？　やー［おまえ］、他の人と遊ぶくせに、子どもと遊んでん［遊んでない］だろ。遊びにも連れてかんと」とよく忠告された。スマホのパスワードは妻の誕生日に設定されていて、その理由を聞くと「忘れんようによ」と話してくれた。彼にとって、家族との生活はとても大事なものであった。

## 仲里の見立て

達也はなぜ、よしきに対して殴り返さなかったのだろう。仲里に話を聞いた。

**仲里**　仕事休んだとしても、親父(社長)にこんなって怒られるんだったら、わかるよ。なんで(社長ではない)同じ従業員に言われんといけん。(俺たち)そっち(怒る先輩)から給料もらってないけど。

——　なんでですかね。休んだら、その従業員の給料が減るだけじゃないですか。

**仲里**　そうそうそう、そっちになんの害があるかーって(思う)。誰が休んでも負担は変わらんやしって。あんな人はダメよ。この年なって、あんな年下ばっかりやって（殴って）、恥ずかしくないかなーって、俺は思うけどね。上地とかなんか、手ー出しても向かってこないさ。

……

仲里　その前に、俺、たしま［異なる地元］のしーじゃ［先輩］とかだったら、手ー出してもいいばーよ。別に関係ないやし、仕事中のあれ（いざこざ）なんだから。だから、達也にーにも言ったわけよ。なんで手ー出さんかったってから。なんで殴られっぱなしでやった。要は達也にーには、昔ながらの恐怖感があるばーよ。要は一〇代のときから（先輩のことを）わかるさ、あのとき、あの人は二〇代とかくらいさ、このときの恐怖感が残ってるから、要は（手を）出せんばーよ。

――まあ、あと達也、やさしいから。

仲里　そうそうそう。その面のあれ（やさしい面）があるから。

――達也とつき合ってて、この人、顔はいかついけど、根はいい人だなあって。子どもとかね、奥さんもすごい大事にしてて、奥さん（を）くるさん［殴らない］人でしょ。

仲里　うん、達也にーにも、あれやんばーよ［あれなんだよ］、根っからの優しいばーよ。あんなオラオラ系じゃないばーよ。

――仕事、休んで、ギャンブルばっかするし、（妻からすると）とんでもないけど、この人、奥さんくるす人じゃないなあってのが（あるんですよね）。

仲里　奥さんもだし、あれなわけよ。路上でケンカファイターじゃないばーよ。あんなって、やるタイプの人間じゃあないわけよ。話してもわかるさ。あんまり仕事中にも怒ったりもしないし。だいたい路上でケンカする人って、仕事中も絶対たんちゃー［短気］だからよ。

達也は温厚な性格で、自分が我慢することで、家族や地元の人間関係を壊さないことを選んだ。そのような達也に共感し、達也への暴力に憤ったのが仲里と慶太だった。二人は「引き合わんねえ」と言い放ち、仲里は慶太に先んじて達也とともに沖組を辞めていった。

## その後の仲里、達也、慶太

仲里と達也は、地元の知り合いが請け負ったアスベスト（石綿《いしわた》）除去の仕事をはじめた。サウナスーツのような防護服を着て行う作業は、型枠解体とくらべれば格段にラクだった。しかし彼らは仕事の段取りがわからず、そのことで気疲れしていた。それに給与は、働いた分の一部しか支払われなかった。けれど、沖組を辞めた自分たちに仕事をまわしてくれた知り合いに頭を下げられて、それ以上は文句を言えなくなった。

仲里　給料は今のところは高いよ。アスベストだから。

――　肺とか大丈夫？

仲里　あれちゃんと、あれ（マスク）やってる。だけど、長くやるとは考えてないけど。あんまり長くやると怖いしよ。なんかこの仕事、肉体的には楽だけど。たぶんなんか俺にはあってない。あまりにもちょっと細かいわけよ。細かいっていうか、やることも単純作業ばかりでよ。肉体的になんか、あうあわんはあるさあ。時間も長く感じるわけよ。解体屋だったら集中してたら、もうお昼って感じ。今の仕事なんか、防護服みたいなのつけるから。要するにアスベストの仕事だから、こんな窓とかあるさ、ビニールみたいなの密封するわけよ、ビニールみたいなので。

――　サウナじゃないですか。

仲里　そうそう、サウナだわけよ。防護服つけて入るさ。五分で汗びっしょり。

その後、達也はアスベスト除去の仕事を辞めて、沖組とは別の型枠解体屋に移った。出勤日に休まなければ、一カ月の給与は二〇万程度だと教えてくれたが、スロットに行くことを考えれば、それより少なくなる。給与に関しては沖組と同水準であったが、転職先の型枠解体屋には雑用を頼める地元の後輩はいなかった。くわえて、沖組と同じく業務マニュアルがないので、作業手順が班ごとに違っていた。そのため、それぞれのやり方を一から身につけなくてはならず、そのことも負担になっていた。

アスベストの仕事に変わった直後、仲里は熱中症になった。夕方ごろに電話があり、仕事で熱中症になったから、食料を買ってきてくれと頼まれた。消化にいいものを買って彼のアパートに到着すると、疲労困憊《こんぱい》した様子だった。現場で腕がけいれんし、嘔吐《おうと》したと言う。

仲里 （転職は）一応はいい経験なる。結構、（俺も）甘えたところあるから、他のところでは通用しないさ。達也にーには（アスベストの仕事を）辞めると思う。毎日、「（この仕事）あわんやっさー」って（言ってる）、要は地道なわけよ仕事が。免許取って、運送屋やろうとしている。

アスベスト除去は防護服を着て行うため、たちまちサウナ状態になる。しかも単純作業だから、達也の性に合わず、再び転職を考えていた。仲里にとっても不慣れな仕事だったから、次の仕事を考えていた。給料日には給与の一部しか支払われなかった。

一方、慶太は交際していた女性への暴行で罰金刑を食らったときに、社長に肩代わりしてもらった借金が残っていたため、すぐには沖組を辞められなかった。四〇代のよしきら先輩たちが三〇代の達也ら中堅従業員へ暴力をふるったため、沖組の現場は雰囲気が悪くなった。そんなある日、竜二が上地をくるそう［殴ろう］とし、「楽しく働きましょう」と慶太が仲裁に入って、その場を収めた。沖組からの借金は完済できていなかったが、しばらくして慶太は、格闘技に集中したいという理由で沖組を辞めた。

## 浩之への暴力

二〇一二年、師走。沖組の忘年会が中の町で開かれた。二次会の店へ向かう繁華街の路上で、中堅従業員の宮城は、沖組を辞めたばかりの後輩の浩之とたまたま遭遇した。浩之はハイネケンの瓶ビールを手に、仲間たちと盛り上がっていた。それを目にした宮城は、会社を辞めたことを理由に殴りかかった。

**宮城**　中の町で、前から浩之が余裕ぶっこいて歩いてくるわけよ。「おい」ってから捕まえて、パンチ入れてやったよ。

そのときは、他の従業員があいだに入って制止したために、大きなトラブルにはならなかった。浩之がなんの連絡も入れずに沖組を辞めたこと、浩之の転職先の建設会社の社長から、給料の未払い分を支払うよう沖組に電話があったことに対して、宮城は怒っていた。

宮城　（浩之は、相手の社長をつかって）警察、訴えようぱーな［訴えることをちらつかせている］わけよ。最近のわかたあ［若いやつら］はこれだからダメ。

――そうですけど、若い方では（仕事を）頑張ってた方じゃないです？

宮城　ううん、ぜんぜん（そんなことはない）。俺たちの（若い）頃は、しーじゃ［先輩］に怒られても、つーつー（聞き流しながら）で、「はいはい」言えばいいわけよ。あいつはそれが顔に出てるのがダメ。いちいち、言い訳するわけよ。仕事はできるけどダメ。

――そうですかー。

宮城　楽なところに逃げるタイプ、一番、終わってる。

浩之は、裕太が班長を務める班で働いていた。宮城は、裕太の付き人的な存在で、浩之はその班で一番年下だった。中学にはほとんど行かず、ほとんどを少年院で過ごした。中学を卒業してすぐに沖組で働き始めたのは、つき合っていた彼女が妊娠し、新しい家庭を築くためにお金が必要だったからだ。宮城も認めるように、浩之は年の割には仕事がよくできた。裕太の班は特に先輩から後輩への指導が厳しかったが、浩之は身軽な身のこなしでなんとかこなしていた。

しかし彼は腰痛もちで、それを理由に仕事をよく休んでいた。その日も突然、腰痛だと言って、浩之は仕事を休んだ。次の日になって、浩之は突然休んだことでみんなに負担をかけたのに一言も詫《わ》びを入れず、朝から無言のままだった。昼休みになって、何もなかったように、浩之は宮城たちに「トランプに入れてください」と声をかけた。

宮城はそのことに激怒し、裕太に向かって「俺、我慢ならん、やって（殴って）いいね」と言うと、裕太から「ううん、ここではやるな」と止められた。こうして浩之への暴行を制止した裕太であったが、後日、仕事を休むことを理由に浩之に平手打ちを加えた。それが決定打となったのか、浩之は何の連絡もしないまま沖組を突然辞め、他の解体屋に移った。[30]

浩之への暴行について、仲里はこんなふうに見ていた。

30――何の連絡も入れずに突然会社を移るのは不義理だと思われるかもしれない。しかし、うっとぅ［後輩］が仕事を辞めるときに、事務所に連絡を入れれば、地元のしーじゃ［先輩］から強い引き止めにあう。だから、うっとぅたちは前借りをして（＝働いた給料を受け取って）、突然音信不通にするほかない。このように前借りをしても給料分に届かないことがあるが、その場合は取りに行かない（＝行けない）という暗黙のルールがあった。宮城は、このルールを浩之がわかっていないことにも怒っていた。

仲里　あいつ頑張り屋だったからな、浩之は。
――浩之のときもそうだったじゃないですか[31]。ギャンブルで（先輩が）負けて、勝った後輩をくるすなんて。浩之なんて、一〇代で嫁が妊娠してお金ないと困るのに、お金、巻き上げて。
仲里　わかるよ。じゃあ（ギャンブル）やるなって話よ。この忘年会のときの、あれ（暴力事件）な。

しーじゃたちの仕打ち

他の従業員と同じく仲里も、浩之の働きぶりを高く評価する。宮城による暴行には批判的でもあった。宮城自身、浩之への接し方は理不尽だとわかっていた。しかし彼にしてみれば、そういうしーじゃたちの仕打ちを我慢してきたのに、浩之は不満を顔に出してしまう。そのことに我慢がならなかった。宮城たちの世代で集まる機会があり、かつて、しーじゃから受けた仕打ちについて話し合った。

宮城　現場号で、昼休みにいびきかいて寝るやつ（後輩）がいて、班長がロケット花火を口に入れて発射させようとしてたよ（笑）。

上地　前は爆竹だったんだよ。タバコ爆竹もヤバいっすよね、フィルターしか残らん。爆竹を一個ばらして、タバコの葉っぱ（を）とって、（そこに爆竹を）入れて、また、葉っぱ詰めるんっすよ。この導火線のところ、火つけるところにするんっすよ。火ーつけたら、パーンって、もうタバコがないんっすよ（笑）。
健二　先輩にめっちゃ、やられたよ。やられたぶんを（後輩に）やり返すばーよ。
大地　おもしろいものは（後輩たちにも）やっていいわけよ。
――俺でとめようってならないんですか？　この悪い連鎖を俺でやめようって。
大地　おもしろそうだから、やっていいかみたいな。
――えー（笑）。
大地　ロケット花火、しに［たくさん］投げられるわけよ、背中に当たって、（先輩たちは）てーげー［めっちゃ］笑ってるわけよ。（逃げるために）海に飛び込んでも、（水の中から先輩たちの）笑い声聞こえるぜ。聞こえるばーよ、息継ぎがあるさ、息継ぎ（で水上に）出た瞬間、ピューッてから（花火が飛んで）くるばーて、しにうしえてたよや［すごくバカだったよ］。

31――ギャンブルで負けてしまったという理由で、先輩が後輩へ暴力をふるうということは頻繁にあった。

宮城がまだ駆け出しの頃に先輩たちから受けたひどい仕打ちを明かすと、そこにいた全員が自身の体験を語り出した。宮城たちの世代は、しーじゃからの悪ふざけやひどい扱いが日常茶飯事だった。浩之が沖組を辞めてしばらくたった頃、ある現場で休憩時間に入ったとき、浩之について裕太が語ってくれた。

**裕太**　スラブの外し方を浩之に教えたのは、俺だよ。

——そうだったんですか。

**裕太**　他のやつは教えても（スラブを外すことが）無理だから、教えん。親父（社長）に、（浩之が）仕事がんばってるって言って、給料あげてもらったのに、辞めやがって。

裕太によると、浩之への厳しい対応は嫌がらせではなく、育てようとする気持ちからだったという。宮城らの世代がうっとぅであった時代の経験と、浩之の経験との間の違いにより、両者には少しずつ隔たりが生まれていた。

沖組の忘年会が開かれた夜、二次会の店へ向かう途上、偶然出くわした浩之に殴りかかった宮城。沖組にたどり着くまで、彼はどのような時間を過ごしてきたのだろうか。

## 「儲けて、金、持ってるのが勝ち」――宮城の生活史

かつて宮城は、T地区の隣町で活動する暴走族に所属していた。彼の兄が立ち上げたその暴走族は、県警による一斉検挙によって壊滅状態になっていた。

その頃、宮城は同い年の健二に誘われて、T地区の暴走族のメンバーとつるむようになり、アジトでの活動やツーリングをともにするようになった。T地区には沖縄連合という暴走族があった。沖縄連合は、暴走用のバイクを収める小さなガレージを「アジト」と呼んでいた。そこは、周辺的なメンバーを含めると三八名の若者が出入りするたまり場だった。毎晩、一〇名ほどの若者がやってきた。だいたい夜一一時頃から集まり始め、朝方まで誰かしら残っている。いつの間にかこのアジトは、T地区や近隣地区の若者にとって重要な居場所となっていた。

宮城が沖縄連合のメンバーとつるむようになったこの時期、良夫やアッキとともにキセツで四、五回ほど、内地での住み込みの仕事を経験している。先輩と良好な関係を築くのに長《た》けている宮城は、特に裕太に気に入られ、沖組で仕事をするようになった。建設現場で熱中症になって、もうろうとしたこともあったが、数時間休めば復帰するような、つわものだった。

宮城は暴走行為や無免許運転などで、計三〇〇万を超す罰金を国庫に納めていた。免

許停止期間が長く続き、建設現場へ行くときには、後輩の上地が運転する現場号に乗せてもらった。

彼は一〇代後半で結婚し、やがて女の子が生まれた。若くして結婚した宮城は、家庭では亭主関白だったようだ。

――宮城は女性に優しいの？

宮城　がつがつ厳しいよ。なんで優しくする？

――（相手は）女性やし。

宮城　優しくするのは、一〇〇のうち一〇でいいんだよ。がつがついかんと、あまえるばーよ。

――くるしたり［殴ったり］もするね？

宮城　時と場合による。口げんかして、話（を）聞かなくなったら、いったんバシッと。平手入れて、人の話（を）聞けと。

――（女性は）泣いちゃうだろ、そんなことしたら。

宮城　泣いてもいいさ、別に。したら、何泣いてるって言うさ。涙、流したらなんなの。そんなもんだよ、泣いたら許してもらえるっていう考え持ってるのが腹立つんだよ。

宮城は妻と離婚した。理由は教えてもらえなかった。子どもとも、しばらく会えずにいるようだった。

**宮城**　最近（別れた家族と）会ってない。っていうか、連絡とれない。しかも明日、（娘の）誕生日って言いたい。

――　ええー、電話しなよー。

**宮城**　つながらないのに。

――　そうか。誕生日プレゼントを置いて帰ったらいいんじゃない？　何がいいかな。

**宮城**　こんなの（子どもの欲しいもの）もわからないさ、（電話が）つながらんから、何がいいとか。

元妻と連絡が取れなくなり、子どもへのプレゼントに何がいいのかもわからなくなっていた。離婚してからは、生活のさまざまな場面で閉塞感が漂い始めていた。

沖組で働いているときも、次の仕事を探している様子だった。

――　なんか、商売を始めたいとは考えたことない？

宮城　始めたいよねえ、なんか。なんでもいいんだけどねえ。
――飲み屋（キャバクラ）とか？
宮城　飲み屋はいいよ（遠慮するよ）。飲み屋やってるのは、たくさんいる。そんなにすごくない。儲け出んのに。
――バイク屋とか？
宮城　バイク屋、儲かるわけないだろ、この世の中で。沖縄では儲からんよ。やっぱ、悪い仕事しか儲からんよ。あぶない仕事でも、儲けて、金、持ってるのが勝ちだからね。

宮城は、仕事でもイライラすることが多く、ちょっとしたことがきっかけで、同じ班の浩之に手を出してしまった。かつては楽しめた週末のキャバクラも、ストレスを発散できるものではなくなっていた。

――若いうちは飲み屋行って、（女の子に）キャーキャー言われて、彼女ができるわけじゃん。三〇（歳）超えたらそんなの無理じゃん。さすがの宮城も、昔と比べたら、難しいじゃろ？
宮城　うん。

——だろ？　飲み屋に行って、彼女をつくるわけでもなく、スケベするわけでもなく。

宮城　とりあえず、女の子としゃべりたいわけよ。

——（宮城と比べて）現場では仕事ができんかもしれんけど、（若い）浩之がもてるわけよ。

宮城　そりゃそうだろ。

——だろ、若さには勝てんよ。

宮城　そうだよ。あれなんかと比べたら、俺なんかおじさんだよ。どんなに（恰好を）若くしても。わかってるよ、それは。おじさんはおじさんなりに、やり方があるからな。

沖組の忘年会があった夜、繁華街で浩之がハイネケンの瓶ビール片手に同世代の若者たちと騒ぎながら、宮城たちとすれ違ったことは、浩之がすでに沖組とは違う世界にいることを象徴していた。

宮城たちの世代は、中学を卒業した後、地元の建設会社の沖組で働き始めた。後輩たちがまだ一〇代の頃は、あらゆる面で彼らよりまさっていた。現場仕事における体力や技術、賃金だけでなく、地元での顔の広さやキャバクラでの振る舞い方、家庭を築くといった人生経験も含めて、その差ははっきりしていた。

しかし、後輩の浩之たちも、建設会社で四、五年も働けば一人前になる。支払われる賃金も上限に達して、先輩たちに追いつく。一方、宮城ら先輩たちの多くは、かつてのようにはキャバクラ店でちやほやされなくなる。こうして後輩たちとのさまざまな格差は、ほとんどなくなっていた。

建設現場でも、ギャンブルでもキャバクラでも、いつもと同じメンバーで、いつもと同じ展開となることが、沖組の従業員にとって重要なことだった。ある先輩の支配下に入ることは、先輩たちからの暴力を避け、仕事に必要な技術を身につけ、地元での地位を安定させる上でプラスになるからだ。建設現場でも、オフの時間でも、同じメンバーで同じ展開となることは、先輩（たち）に適応できていることの証だった。宮城はそのような世界を生きてきた。厳しい上下関係は、それを明確にするために必要なものだった。

当時の宮城は、キャバクラで先輩の接待に努める下積み時代をようやく抜け出し、接待される側に移ろうとしていた。このような沖組での先輩―後輩関係から、浩之は突如飛び出していった。そして彼は、気心の知れた同世代の仲間と、キャバ嬢を口説くためにキャバクラに飲みに来ていた。宮城にとって、そんな浩之のことを見逃すことはできなかった。年齢以外に差がなくなっていくなかで、それさえもないことにされてしまうのは、先輩たちにとって自ら積み重ねてきた下積みを無価値だと言われるようなことだった。だからこそ宮城は、沖組の忘年会があった夜、関係者が多くいるなかで浩之を殴りつけた。

## その後の沖組

達也、仲里、慶太、そして浩之が沖組を辞めた。残った従業員の中で、先輩たちのターゲットとなったのは上地だった。上地は会社に借金があったため、辞めたくても残らざるをえなかった。

**仲里**　上地、かわいそうってなあ。

――（借金のある上地は沖組を）辞めれんでしょ。なにがあっても辞めれない。

**仲里**　ちゃーくるさりんどー［激しい暴行を受けているって］。沖組の竜二にーにとかに、ちゃー殴られーって。だから最近、沖組、仲がおかしいって、雰囲気悪くなってるさあ。（竜二たちに対して）光司にーにが怒って言ったって、「今度、上地に手ー出したら、やったー［おまえたちを］くるす［殴る］よ」って。

――ほんとに？　俺、光司さんのそういうとこ好きなんですよね。

仲里らが辞めた後、先輩たちの暴力にさらされた上地を守ったのは、光司であった。

仲里は光司について熱く語る。

――やっぱみんな、だんだん体力落ちて、ケンカも弱くなるわけですよ。敬いの対象の先輩になれるかどうかは、結局、力だけじゃなくて、なんかちがう、力で後輩に負けるとして、逆転するわけじゃないですか、力って、若さには勝てないから、くるしてたやつにくるされる可能性があるじゃないですか。そん時についてこられる先輩じゃないと。

仲里　だから、心から思わなければ、力関係ないじゃん。要はいつまでも、この人は、わー［俺］の先輩だーって感じじゃん。だから光司にーにとかでも、要するに、もし今ケンカしましたと。たぶん、あれだよ、（格闘家の）太一とかにも（光司さんは）かなわんよ。あの人（光司）、こんなあれじゃないばーよ、もう勝てるとか勝てないのレベルじゃないばーよ。先輩として偉大やんばーよ［なんだよ］。

……

仲里　だから、後輩からも慕われる部分はあるばーよ。だから人間ってよ。人に好かれるって、強さだけじゃないわけよ。要は心もあるわけよ。だから、慶太とかあんなのとかが、太一は強いさ、でも（慶太と太一が）俺のところとかは尊敬してからくるのは、こんな部分なわけよ。こんな部分で、あれは認めてるわけよ。確かに慶太と俺がケンカしたとしても、慶太には俺はかなわんよ。あれ強いからよ。かなうわけがないさ。あれがなんで仲里ー仲里ーって慕ってくるかって言ったら、要は心の部分。この人は心の部分で、でーじ［とっても］偉大だなあって、思ってるばーよ。

——（この人に）ついていこーみたいな。

仲里　こんなのもあるわけよ。人って、ケンカの強さだけじゃないばーよ。一応男として大事な部分ではあるんだけど、でもある程度でいいばーよ。ケンカが強くて路上でケンカだけやってたら、人、離れていくさー、そんな人間についていくのいないさー。

——そうですよ。

仲里　だから光司にーにとかでも、なんで後輩に慕われるかって言ったら、それなわけよ。強さもあり、優しさもあり、なんか人を思いやれる心があるばーよ。だから、これやんばーよ。

——そうですよねえ。

仲里　だから、これやんばーよ。太一にもよく言うけど、やー［おまえ］、しっちー［頻繁に］、こんな強さだけあらんどー［じゃないよ］。こんなってやってたら、人いなくなるよーって。

数年たって、上地も体の不調を理由に沖組を辞めた。

――（沖組に）若いの、入って来ました？

裕太　沖組？　入っても来ないよ。うわさがあるみたい。

――殴るからでしょ？（笑）

裕太　なんでわかる？　光司が「（先輩に向かって）やー［おまえ］がいるから、沖組（若いのが）辞めるばーよ、やーが辞めれ」って言いよった。

――それはやばかったんじゃないです？

裕太　言うだけで、とっくみあいはなかったよ。さすがに、先輩たちも、光司に（向かって）いけんでしょ。

光司は先輩たちとぶつかり、先輩の何名かが辞めた。一〇代の若者はもちろん、三〇代、四〇代の従業員も沖組からいなくなっていた。

## 6　沖組という場所と、しーじゃとうっとぅ

沖組という建設会社で二〇〇七年から一七年にかけて起きたことの一部を描いた。一

人ひとりの従業員が懸命に生き、働き、そしてぶつかりあった。

よしきは、誰の力も借りずに自力で人生を立て直した。それゆえ、目の前の若い従業員に対して厳しい対応をした。宮城と同世代の同僚たちも、宮城と同様、先輩たちから理不尽な扱いを受けてきた。そうした下積み期間を経て、ようやく今の地位にたどり着いた。ところが浩之は、そうしたあり方から距離を取り、ないがしろにした。宮城にはそれが我慢ならなかった。

しーじゃ［先輩］とうっとぅ［後輩］という上下関係には、時に暴力を伴うほど厳しいものがあった。それはT地区だけでなく、他の地域でも見られるものだったし、中学を卒業してからも続いた。下積み時代を経て後輩たちは、しーじゃとなっていき、自分たちがされたことをする側に回る。少なくとも、二〇〇七年に調査をした段階では、こうした継承がなされていた。

その頃、地元の中学を卒業したうっとぅたちは、しーじゃたちのいる建設会社で働くのが当たり前となっていた。建設業における職種は土木、型枠大工、鳶、左官、鉄筋と多様だが、どの職種にするかは、うっとぅの適性ではなく、しーじゃがどこで働いているかで、ほぼ自動的に決まっていた。仕事はどれも体力的にハードで、一〇代の頃はなかなか長続きせず、何度も現場を逃げ出したり、キセツに行ったりする。無職になることも珍しくない。しーじゃにとって、地元の無職のうっとぅは、遊びにも仕事にも気軽に誘える都合のいい存在だった。

地元の暴走族に入るよう、しーじゃに誘われたうっとぅは、バイクの改造や運転技術を身につけていく。うっとぅは、しーじゃのオートバイ修理や深夜の運転代行もやらされた。やがてゴーパチ（国道五八号線）でデビュー、というのが定番のコースだった。

しーじゃからすると、地元のうっとぅは使いやすい働き手であった。建設現場だけでなく、平日の深夜や週末のプライベートな時間でも、さまざまな雑用を引き受けさせられるのが、地元のうっとぅという存在だった。なかでも、無職であったり、職業がなかなか定まらないような地元のうっとぅは、しーじゃたちによって地元社会の中に囲い込まれていた。

一〇代の頃にしーじゃの雑用係をすることは、地元社会では特別なことではなく、多くのしーじゃが経験してきた道だった。うっとぅにしても、下積み時代における雑用係は当然のこととして受け入れてきた。その過程でうっとぅは地元での人間関係を拡げ、建設業で必要な仕事のスキルを身につける。しかし、それは地元に縛り付けられることでもあった。しーじゃから呼び出しがあればいつでも動けるよう、常にうっとぅは地元周辺で過ごすようになっていく。
四、五年勤めても賃金はそれほど上がらないのに、技術を身につけた中堅従業員が建設会社を辞めないのは、新たに入ってくるうっとぅを、年長世代と同じように自分たち

2-8

休憩時間中の建設現場

も従わせることができるという見通しが持てたからでもあった。普段の仕事も生活も、うっとぅに面倒をみてもらうようになると、転職も他地域への移動も、そう簡単にはできなくなる。

このように、しーじゃとうっとぅの関係は、沖縄の下層の若者たちの生活と仕事の基盤をなすものである。それは生活全体を貫き、支配的で、暴力を含む過酷なものだが、彼らの主たる就職先である建設会社にとっても都合のいいものであった。地元の中学を卒業した少年らを建設会社が雇い入れることで、中学時代に形作られた、しーじゃとうっとぅの上下関係が、そのまま持ち込まれる。

それによって経営者は、従業員同士の安定的な関係を得ることができたし、現場で必要なスキルの多くが、この上下関係をもとに継承されていた。建設業でのこうした上下関係は、世代交代が進むなかでも維持されてきたのであった。

ところがここ一〇年ほどで、沖組とその従業員を取り巻く環境は大きく変わった。一九九三年以降、沖縄の建設業では受注規模の縮小が続いている。こうしたなか、建設会社や従業員の数は微増している。建設現場では人が足りており、中堅からベテランの従業員で十分に仕事がこなせる状態にあるので、新人を育てる必要がなくなってきた。こうした状況がもう一〇年以上は続いていて、今では多くの現場で一〇代、二〇代の従業員が長続きせず、辞めていく。

受注が減っているため、中学を卒業したばかりの一〇代も、仕事のない二〇代も、必ずしも地元の建設会社に雇ってもらえるとは限らなくなった。建設会社からすれば、仕事のできない一〇代よりも、中堅社員のほうが優先順位は高い。建設現場では今も昔も、一〇代の若者に対しては厳しく対応するが、かつてであれば二〇代の従業員がそのフォローをしていた。ところがいまや、二〇代の従業員も激減している。今の一〇代の若者は、一〇年前と比べて格段に現場に定着しにくい状況にある。

これが、経営者と従業員、先輩と後輩がともに地元社会を生きるなかでつくりあげた沖組という建設会社の、ここ一〇年の歩みである。

洋介　世間体（を気にすること）とか、脱税五億とか（の犯罪）は、俺んなかで全然ＯＫなわけよ。被害者がいるのは嫌。（この時、直前にあった）一三歳の（女の子に売春させる）とかダメ。（世の中）ぜんぜん公平じゃない。公平にしてほしい。

第三章

# 性風俗店を経営する

生活スタイルや働く場所を変えることは、人によってはとても大きな出来事となる。世界中を飛びまわって働く人がいる一方で、同じところに長く暮らし、家と職場を往復する毎日を過ごす人もいる。後者の人びとにとって、生活の型や働く場を失うことは、人生を大きく左右する出来事となる。

## 1　セクキャバ「ルアン」と真奈

洋介がオーナーを務めるセクキャバ（射精以外の性的サービスを行うキャバクラ）「ルアン」には、真奈という女の子がレギュラーで働いていた。洋介と真奈は地元の知り合いだった。従業員の入れ替わりが激しいセクキャバで、彼女は長年にわたってルアンでセックスワーカーとして働いてきた。固定客もついていて、洋介にとっては売上の見込める重要な従業員の一人だった。

彼女は過食と嘔吐を繰り返す、過度なダイエットをしていた。かつて交際していた彼氏から「デブ、デブ」と繰り返し罵《ののし》られたのが引き金となった。その彼氏と遊ぶときには、「クスリ（覚せい剤）」を使うよう強要された。彼女はそれを断ることができなかった。クスリの副作用で痩せるようになってから、彼女は自分でも薬を「さわる」ようになった。

ルアンで働き出してからは使わないようにしていたが、暴力団と関係のある彼氏とつき合うようになり、渡されたクスリに手を出してしまう。洋介は彼女の異変に気づき、「クスリさわるなら二度とお店に来るな」と伝え、帰宅させた。洋介からすると、一発で店がつぶれかねない案件であったため、厳しく対応した。

真奈は同棲中の彼氏から暴行を受け、「クスリ漬け」にされていた。これまで生きてきたなかで、真奈が安心して過ごせる時間はほとんどなかった。生まれ育った家庭、通った学校、そして地元のヤンキーグループでさえも。クスリにさわった途端、うわさが広まり、関係が途絶えた。そんな彼女にとって、ルアンの待機部屋は、落ち着くことができる数少ない場所だったのかもしれない。

洋介に店を追いだされて一カ月後、彼女は奇跡的にクスリを抜き、ルアンに復帰した。しかし、その直後に警察の「ガサ入れ（内偵）」がルアンに入った。

警察のガサ入れは脅しの意味合いが強く、半年ほど自主的に営業を休めば再開できるといわれていた。洋介はルアンで働いていた女の子たちを同業者に紹介し、彼女たちの生活を守ろうとした。真奈も、紹介されたセクキャバで働いたが、ルアン以外の店は彼女には合わなかった。彼女は洋介に「ルアン、まだ開けないの？」と何度も電話をかけてきた。彼氏に殴られ、これまでとは別の風俗店で働かされ、その給料は彼氏に奪われ、代わりにクスリを渡された真奈。しばらくして彼女は、自ら命を絶った。

私は洋介から真奈の話を聞かされたとき、彼女の父親は地元の有力者だと知っていたから、チンピラの彼氏なんてぶっつぶしてもらえばよかったのにと、まくしたててしまった。洋介は「あいつ、お父さんに自分のこと、話せなかったんじゃない」と冷静に答えた。

ルアンの待機部屋は彼女の居場所であり、生活の柱であり、彼氏や地元社会とは別の、外の世界であった。そこを失いたくなくて、彼女はひと月の間に自力でクスリを抜いたのだろう。そんな短期間で自力でクスリを抜くことなど通常ありえない。ルアンは彼女が命がけで取り戻した場所だった。しかしそこは、あっという間に消えてしまった。

彼女のことがあってから、洋介が再びルアンを開けることはなかった。一〇年近く積み上げてきた夜シゴトの経営からも、手を引いた。以下は、ルアンが店じまいするまでの一〇年にわたる洋介の歩みである。

## 2 「何してでも、自分で稼げよ」――洋介の生活史

二〇〇七年、ゴーパチ（国道五八号線）沿いのコンビニの駐車場で、洋介は派手に改造されたバイクに乗っていた。沖縄南部で生まれ育った彼は、ちょうどキセツから帰ってきたところで、二五歳だった。

毎晩のようにゴーパチでツーリングをしていた彼に、私は声をかけた。家族のことから、女の子と遊びまくっていたことまで、話を聞かせてもらった。洋介がまだ一〇代の頃に両親は別居し、洋介は父親とその母（洋介の祖母）の三人で暮らすことになった。洋介は、父親にどのように育てられたのか、話してくれた。

洋介　親父は、（洋介が）小さいころから、白い粉と女を売らんかったら、自分で稼ぐためにするなら何してもいいと言ってた。親父も一時期何してるかわからん時期があったしよ。親父に（セクキャバを経営していることが）ばれたとき、怒られると思ったら、「お父さん、おまえなんかの歳で店持つとかできんかったよ。おまえ若いのにやるなあ」って褒められたよ（笑）。なんて言っていいかわからんで、「どうも」って返すしかなかったよ（笑）。親父は今は車関連の仕事してるっぽいよ。

幼い頃から彼は、覚せい剤と売春斡旋《あっせん》以外なら何をしてもいいから「一人で稼いで生きていけ」と父親に言われてきた。それは、経済的な援助はできないと暗に伝える言葉だった。実際、その手の支援はほとんどなく、自力で生活基盤を築かなくてはならなかった。若くしてセクキャバのオーナーになった彼は、父親から「やるなあ」と褒められるまでになった。

## 地元での理不尽な暴力

洋介がまだ一〇代の頃、地元の南部地区では暴走族やそれを見物するヤンキーの若者たちが派手に活動していた。けれど洋介は、出身中学の暴走族には属さず、同世代の地元の友人たちとツーリングを楽しんでいた。地元の暴走族は上下関係が厳しくて、理不尽な暴力があるのが嫌だった。高校を中退した後、彼はなじみのメンバーとバイクの改造をしたりツーリングをして過ごした。そのチームは、バイクを一〇台ほど保管できる倉庫を持っていた。お気に入りのバイクを手に入れるために、洋介は建設業の仕事をしたり関西圏へキセツに出かけたりして、お金を稼いだ。

当時、洋介は隣町のアツシやカズヤらとつるんで、頻繁にバイクに乗っていた。三人とも同世代で、地元の先輩から一定の距離をとっていた。

上間　誰に殴られたの？
洋介　地元の先輩。
上間　え、なんで、理由はなんで？
洋介　〇〇の団地で、理不尽な、そうとう理不尽な理由で（笑）。俺と、仲いい、俺と、仲のいいひとつ上の先輩がいて、こいつがなんかしたのかな。結局、「電話かけれ、こいつに」みたいに（先輩に言われた）。で、電話してもとらない。電話とらないたんびに、お腹なぐられて、で電話かけて、もう一回、殴られてって感じだったかな。

上間　こんなとき、逃げないの？

洋介　これ逃げたら、地元にいられなくなるから。

先輩から理不尽な暴行を受けた洋介は、地元の先輩たちから距離をとりつつ、地元に残る道を探った。地元を出るという選択肢は、一〇代の洋介にはなかった。先輩たちはみな地元に残っているので、地元を出ていくという選択肢には現実味がなかった。そのため、先輩からの厳しい仕打ちから逃れることができなくなった。先輩たちからは、地元のエイサー青年団の練習に加わるよう強要された。だが、洋介はサボり続けた。

洋介　一〇〇キロの巨漢に頭、踏まれたことある。

――踏まれたのは（建設）現場で？

洋介　ううん、〇〇（繁華街）で、地元の先輩に、エイサー（の練習に）行かなかったから、踏まれた。まじうざい。

ある晩、同じ中学を卒業した先輩に繁華街で遭遇した洋介は、エイサーの練習に出てこないことを理由に暴行をうけたのだった。バイク仲間のアッシも、地元の先輩のパシリをすることに不満を抱くようになった。建設現場だけでなく、深夜のプライベートな時間にもパシリをさせられるようになったからだ。

アッシ　（打越と洋介の三人でドライブしていたときに、繁華街で二人の地元の先輩に遭遇して）あのでぶー（の先輩）、めんどくさいから無視しろ。（スモークのかかった車の窓を閉める）夜に電話かかってきて、「アッシ、今どこかって」（聞いてきて）。「家、着きました」って言ったら、「那覇で遊ばんか」っていうから、仕方なしに行って、遊ぶつもりで那覇（まで）行ったら、着いた瞬間に「家まで送らんか」って（頼まれて送らされたことがあるよ）。

洋介とアッシは、地元の暴走族やエイサー青年団の先輩たちから、心ない仕打ちを受けていた。アッシはそれでも我慢して建設業界で働いたのに対して、洋介は現場仕事に見切りをつけた。高校を中退した後、洋介が沖縄の建設現場で働いたときのことを、カズヤとともに話してくれた。

カズヤ　沖縄の建設現場は、仕事ができんかったら、物が飛んでくる、大工、土木も。

――なにが飛んでくるの？

カズヤ　ハンマーが飛んでくる。

――怪我するやん。先輩が投げるの？

カズヤ　二〇代後半から三〇代の人たちが投げる。

洋介　そんなの無理でしょ。俺、キレて辞めたよ。

カズヤ　俺は、我慢してる。

洋介　現場ではこういうのが当たり前。公共事業なら安全管理が厳しいから安心だけど、民間だったら七階なのに、ヘルメットなし、安全靴なし、命綱なし。

地元の暴走族に属していない洋介とカズヤとアツシは、知り合いの先輩もおらず、建設現場で理不尽な仕打ちを受けた。現場で認められるには、体力と技術が欠かせない。けれどその要求水準は高く、それを満たすのは簡単なことではなかった。それでもカズヤとアツシは、我慢しながら現場で働き続けた。洋介は体力には自信があったが、現場仕事に見切りをつけた。それには、キセツに行った経験が大きかった。

## キセツ先での「屈辱」

地元のエイサー青年団からも建設業からも距離を置くようになった洋介は、友人に紹介してもらってキセツに出かけた。そこで彼は、朝から晩まで流れ作業でパソコン機器のチェックをした。求人広告には月給四〇万円と書かれていたが、寮費などを引かれて残ったのは三二万円だった。束の間の週末に、無免許でバイクを乗り回すのが唯一の娯楽だった。彼はそのときの経験をこう振り返る。

洋介　キセツの寮の近くに、ヌキ屋（性風俗店）か飲み屋（キャバクラ）は絶対いける（繁盛する）。近所にフィリピンパブとストリップがあったんだけど、そこで（フィリピン人の女性スタッフに）「オッパイ見せて」って言ったら、「あんたスケベ。あなた、どのくらいスケベ？　オーナー見てる」とか言うわけ。バカバカしいけど、結局行ってしまう。

そこはコンビニもないような、関西の山奥だった。宿舎付きの工場の目の前に、パチンコ屋とフィリピンパブがあった。沖縄に帰る段になっても、まとまった貯金はできなかった。ときに苛立ちを見せながらも洋介は、当時のことを面白おかしく話してくれた。そこからは、キセツでの経験が、建設業に見切りをつけるきっかけとなったことが見えてくる。

洋介　誰かの下では働きたくない。

――　いつからそんなふうに考えるようになったん？

洋介　鳶のときも思ったけど、キセツ行ってからかな。結局、上のヤツが持ってくのがわかったから。

――　それで自分も上で働こうと？

洋介　だーる「そうそう」、バカバカしくなった。キセツ行ってるとき、気づいたんだけど、内地のくそ田舎に工場ひとつ建てて、その宿舎の前でマシン屋「パチンコ店」と風俗やれば、（キセツ労働者の給料を）ほとんど回収できるよ。世の中、そういうもんよ。足元見られたら負け。

## 「上に立つ」という決意

「上のヤツが持ってく」という社会の仕組みを、建設現場やキセツ先での経験から洋介は学び、こんどは自分が「上に立つ」ことを決意した。[32] 当時を振り返って彼は、「高校は出ときたいよな。できない仕事多いし」という。高校に再入学することも少しは考えたが、キセツから帰ってきた二〇代の彼に、そんな余裕はなかった。

洋介　打越はいいよな。一生食ってけるんだろ。俺なんて、今のうちに無理しとかんと……。学校いってん［行ってない］から、こういう生き方しかできんでしょ。

――保険とか年金とかは？

洋介　あんなの、俺らには関係ない。どうせ払えんし……。


父親からの経済的援助もないなかで「下で働き」続けたら、いつまでたっても生活の基盤をつくれず、いつか必ず行き詰まってしまう。建設業やキセツでの経験から、合法的な仕事で人の上に立つのは困難だと身にしみてわかった。こうして彼は、「白い粉と女を売」ること以外で、上に立って稼ぐ道を模索し、「女で食ってく」と決意するにいたった。

洋介が言う「上に立つ」とは、下でこき使われ続ける現実への強い拒絶の、彼なりの表現だった。だからそれは、地元で天下を取ることではない。彼は性風俗業のことを、短期間で荒稼ぎできる仕事とはとらえていない。頂点に立つことも、短期間で荒稼ぎすることも、地元で培《つちか》った人間関係にヒビを入れることになってしまい、洋介にとって得策ではない。そんな目立ち方をすれば、早晩つぶされてしまう。

こうして洋介は、下でこき使われる状況から抜け出すために、風俗店の経営を始めた。

## 3　風俗業の世界へ

### 沖縄の性風俗業界

沖縄の風俗街と風俗業の種類について述べておく。

沖縄には、いくつかの風俗街がある。那覇の辻は、戦前から遊郭として栄え、現在はソープ街として有名である。沖縄県で唯一、風営法で営業が認められた地域である。宜野湾の真栄原《まえはら》（新町）は、戦後に風俗街として栄えたが、営業許可地域ではなかったため、二〇一〇年に一斉取り締まりに遭い、風俗店舗は消滅した。沖縄市には、真栄原と同じような形態の店が立ち並ぶ吉原がある。真栄原の次は吉原で取り締まりがあるとの

32――洋介がまだ一〇代だった頃、無免許でバイクを運転していたら、米軍関係者が運転するハーレーに追突されたことがある。洋介は無免許運転で警察に捕まり、相手のアメリカ人は本国へ強制送還された。洋介はすぐに解放された。事故自体がなかったことにされ、違反も取り消された。彼はこのときのことを「ラッキーだった」と振り返りつつ、「（トップだと思ってた）日本の警察より力持ってるやつが突然出てきて、しかんだ［びっくりした］よ」と話してくれた。この出来事は、彼の人生に少なくない影響を与えた。彼が「上に立つ」ことを決意したのは、「上のヤツが持って」いけること、上に立てば物事の仕組みを操ることができると思い知ったことが大きい。

噂があるものの、二〇一八年現在、吉原での風俗店営業は黙認されている。[33]

　性風俗業と一言でいっても、実際には多種多様な性風俗店がある。ここでは、洋介とその周囲の人間が関わってきたソープ（ソープランド）、キャバクラ（キャバレー・クラブ）、セクキャバ（セクシーキャバクラ）に限定して説明する。ざっくり言うと、ソープは浴場で男女が落ち合う形を装いつつ、実際は客に対しセックスワーカーが性器の挿入を含む性的サービスを提供する場である。キャバクラとは、きらびやかなドレス等で着飾った女性従業員が男性客の隣に座って接待を行う飲食店である。性的サービス（身体接触、愛撫、射精など）は禁止されている。セクキャバとは、キャバクラの形態をとり、射精を除く性的サービスを提供する飲食店である。

　風俗業界のことを知る上で、風営法の存在は無視できない。これまで何度も改正されてきた風営法では、地域ごとに細かな規定が設けられている。そのため、どのような営業が認められたのかは、時代や地域によって異なる。それぞれの地域の状況に応じて「後付け」でつくられたのが風営法であり、その運用は、その地域の公安によってある程度、恣意《しい》的《てき》になされてきた。このように、違法か合法かがあいまいにされることで、風俗業で働く人間は、当局から「泳がされた」状態で働くことになる。

## セクキャバ受付からオーナーへ

洋介が風俗業の世界に足を踏み入れたのは、二〇〇九年夏のこと。セクキャバの受付からスタートした。この下積み時代に、洋介は開業のための準備を着々と進めていった。居酒屋で食事をしながら、独立にいたるまでの経緯を聞いた。

洋介　最初（セクキャバ店の）店長でやってて、オーナーがいたんだけど、経営がうまくいかなくて、こいつ飛んだわけ。飛んで、事実上、俺もリストラみたいな感じだったんだけど、（テナントビルのオーナーに）なんか呼ばれて、「おまえ（が経営を）やれ」（って言われた）みたいな。

――（笑）。

洋介　で、「やです」って言った。家賃も二五万だったかな、あのとき、「できないです」って言ったけど、要はオーナー、毎日、女の子が出勤してるのも時々見てるわけさ。

――うんうん。

洋介　「女の子もおまえいるだろ、一応は、いないわけじゃないんだろ。じゃあ、あの子らの生活どうするのか」って、大家が説教たれてきて。で、「あー」ってなっ

33――二〇二四年現在、状況は大きく変わっていない。

たときに、「一応、家賃は払えるときでいいから」みたい（に言われて）な。

3－1

キャバクラの店内

――へえ。
洋介「やってみ、おまえ、まずは」みたい（に言われて）な。こんなペーペーの俺によ。

こうして彼は独立に踏み切った。「一人で稼いで生きていけ」と言われてきた彼にとって、店の家賃の支払いをしばらくの間、免除されたのはラッキーだった。店長を任されたといっても、この業界での経験はまだ浅く、下積み期間中だった。その後、さまざまな経験をし、経営者として独立を果たす過程で、この業界で生き抜くのに必要なスキルを身につけていった。

洋介（下積みのときは）なにより修羅場に対応できるようになったのがでかい。それが認められてからに、店長（を）任された。

――どんな修羅場があったの？

洋介　女性スタッフの元旦那が来店してきてから、「昔の妻の車がある」って言うわけよ。内心ビビったけど機転利かせて、「ライフなんてどこにでも走ってますよ」って言っても、「（待機室の）なかにいるだろ」、「いないですよ」、「いたら殺すからな」、「いないってば、警察呼びますよ」って少しキレ気味で言って、追い出してから速攻、内側から鍵かけてから、オーナーに報告。警察を呼んで一件落着。マジ焦った。

――実際、旦那の奥さんはいたの？

洋介　もちろん。（旦那が店内に）入ってたら事件になってたな。途中まで入ってきたときはもう終わったたって思ったたし。

……

洋介　ほかにもよ。米軍が酒に酔って来店してきてからに。机を払われて危なかったので、オーナー連絡してからの警察呼び出し。

――それは、強盗か？

洋介　だーる［そうそう］。

……

洋介　警察には、「何やってる店ね」と聞かれるけど、「ふつうのキャバクラです」と答えて帰らさないといけない。警察対策は、ただのキャバクラってことにしてる。女（性のスタッフ）には「（お客と）盛り上がって、酔ったいきおいで（体を）触られた」ってことにしてる。

―― そんなんで大丈夫か？

洋介　嘘じゃないだろ。

## 風俗店の経営者になる

顧客対策に警察対策、米軍対策にヤクザ対策……、彼がセクキャバを経営するためにやらなければいけないこと、身につけるべきことは、たくさんあった。経験を積むなかで、数々のリスクに備えて、あらかじめ対策を立てるようになった。と同時に、業界固有の事情、全体像なども把握していく。やがて、風俗営業で「上に立つ」ことを決意した洋介は、それまでの経験に照らして、キャバクラとセクキャバの経営をすることにした。

―― 新町（風俗街）は完全になくなったけど、おまえの店は大丈夫なん？

洋介　大丈夫よ。新町は本番だろ。次に辻（風俗街）のソープがある。ソープは体洗ったり、少しおしゃれにヌく（射精する）だろ。セクキャバは風俗店じゃなくて、あくまでもキャバクラだから。けど同業者の密告とかがあるから、隣近所の店には丁寧にあいさつして情報交換は密にとってる。仕事完璧だろ。

彼は地元つながりをもとに、業界の事情を綿密に調べたうえで、自らの力量や立場を見定め、キャバクラ店とセクキャバ店の経営者となった。この業界のほとんどの店舗は法律の埒外《らちがい》にある。言い換えれば、いつでも警察に検挙され得る立場にあった。しかし、洋介にしてみれば、その不安定さはある程度コントロールでき、緩和できるものだった。

彼は、地元つながりを通じて業界についての暗黙のルールや最新情報を収集し、仲間と共有していた。だから、非合法で浮き沈みの激しい風俗業の世界で経営を「安定」させるという洋介の言葉は、強がりでも矛盾でもなく、地に足のついた認識から導かれたものだった。少なくとも、そのときの彼はそういう世界を生きていた。

## 「学歴なんかより、友だち」

セクキャバを経営する洋介への調査の一環で、その日も私は彼と行動を共にしていた。食堂で昼食をとり、彼の車に乗ると、ある風俗街へと移動した。「静かについて来い」とだけ言われて彼についていくと、ある風俗店舗にたどり着いた。

真夏の昼過ぎだった。それなのに店内のエアコンは稼働しておらず、湿気が充満していた。まだ営業時間になっていなかった。壁と天井はショッキングピンクのクロスで包まれている。深夜に店が開くと、店内の照明を落とし、わずかな明かりがこのピンクの壁と天井を照らし、艶っぽい雰囲気が漂いだす。しかし日中によく見ると、ピンクの壁は汚れがめだち、端の方ははがれている。

数日前、洋介の知人がオーナーを務めるこの店に警察の内偵が入ったため、店名を変えて場所を移す準備を進めていた。その流れで、店内にある古いベッドをゴミ捨て場に運び出すことになり、私にお呼びがかかったのだった。

その店には個室が五つほどあり、それぞれクーラーとダブルベッド、連絡用の固定電話が設置されていた。ベッドを動かすために持ち上げると、床にはコンドームの空き袋が散乱していた。部屋の掃除をすませて、オーナーと私でベッドを持ち、風俗街のなかにあるゴミ捨て場まで運んだ。その途次、覆面《ふくめん》パトカーらしき車両が通り過ぎていった。巡回中なのだろうか。店まで戻ってきたとき、入口のところに覆面パトカー対策の監視カメラが設置され、覆面パトカーのナンバーのリストが貼ってあるのに気づく。

「さっきのサングラスの運転手の車いただろ？　あいつは覆面。あとあれ（覆面パトカーのリスト）、たぶん警察ももってるよ。（同業者の）誰かが捕まって没収されてる。（警察も）大事なときは、リストにない（ナンバーの）車で来るわけよ」と、洋介が教えてくれた。洋介によれば、一回目の警察の内偵はおどしで、店名と所在地を変えれば、内偵で得た情報はリセットされるという。性風俗業界と繁華街の事情に通じた彼は、同業者との連携もしっかりとれる経営者になっていた。

風俗街ではつねに警察が目を光らせている。風俗店の経営は収入が不安定であるだけでなく、警察の胸三寸でいつでも検挙され、営業停止となるおそれがある。同業者による密告も少なくない。みかじめ料を暴力団に支払わない場合、かれらから嫌がらせを受ける。このように風俗店の経営者は、自分ではコントロールしきれない複数のプレイヤーに翻弄《ほんろう》される存在でもあった。

洋介は、セクキャバの経営を少しでも安定させようと、ボーイ（店内受付と女性従業員の送迎担当）には地元の後輩を雇った。後輩を信頼しているというのと、「チキン（臆病者）だから」、持ち逃げや横領をされずにすむというのが、その理由だった。女性従業員を雇う場合も、「ヤクザの愛人」や「ヤク中（覚せい剤依存症者）」を避けるために、地元つながりを駆使して探した。

しかし、そこで洋介が得る収入は月に二〇万程度で、セクキャバが抱えるリスクやキャバクラ経営の不安定性に見合う額ではなかった。それでも彼を風俗店経営の世界に踏みとどまらせたのは、建設業やキセツに戻ることへの強烈な拒否感だった。

アツシ　今どんくらい稼いでる？

洋介　今（の利益）は月二〇万、引き合わんよやあ。
アツシ　まじでよ。
洋介　セクキャバ店は休業中で、キャバクラだけだったら、今はそんなとこ。
――キセツとか鳶のときと変わらんやん。
洋介　（繁忙期の）年末なったら五〇（万）くらいはいくから、あいだ取ったら三〇くらいにはなる。
……
（アツシが帰宅して二人になったとき）
――もう少し給料欲しくない？
洋介　ううん。今は上で店長しての二〇だからいい。俺は下で働くのが嫌。
――そっか、けど二五とか三〇もらえるなら、下でも我慢できん？
洋介　それならやる。一五（万円）でこき使われるのは嫌。同級とかに久しぶりに会ったときに、誰かの下で働いてるってのは言いたくない。
……
洋介　学歴なんかより、友だちだな。それが最後はものを言う。飲み屋（キャバクラ）で女が働くには、やっぱり顔じゃないなあ、バカできるかが大事。松山（那覇の繁華街）なんか行くと、女が隣のテーブルの女を意識して、ツンツンしてるばーて。自分がバカになって客を喜ばせてなんぼだろって思う。

建設現場とキセツ先で底辺労働者としてこき使われる経験をし、下積み期間を経て、「上に立つ」ことがかなった洋介。風俗店を立ち上げて、店を切り盛りする上で学歴はなんの役にも立たなかった。

頼れる家族も学歴もなく、地元の建設業にもコネのない彼が「安定」した生活を送るために、地元つながりにもとづく非合法な世界に身を置いたのは必然だった。「学歴なんかより、友だち」という彼のことばは、彼が生きる世界からすれば筋が通っている。「友だち」とは地元つながりのことで、それは仕事の成否を大きく左右する大事な資源でもあった。

## 4　「足元を見る」ということ

風俗店の経営を軌道にのせた洋介。彼は経営に必要なスキルをどのように身につけていったのだろうか。

風俗店を切り盛りする上で、相手の「足元を見る」ことや、お店の女の子と良好な関係を築くことは欠かせない。キセツを経験して以降、洋介は「足元を見る」ことを意識するようになったという。一体それは、どのような行為なのか。洋介がセクキャバを経営する際の、ヤクザと警察への対策の仕方から、「足元を見る」とはどういうことかに迫ってみたい。

### 「ヤクザ」への対応

自称ヤクザが洋介の店にやってきたときのことを、洋介はこう語ってくれた。

洋介　この前、飲み屋（キャバクラ）にヤクザが来てよ。「まーがいんちょうが？「どこがみてるのか＝どこのヤクザが面倒みてるのか？」」って言うわけ。あっちもいきなりヤクザとか、具体的な組の名前は出さんでしょ。だから、わざととぼけて、「自分がみてます」って言ったわけ。そしたら、だんだん「ただで飲ませろ」とか、「家まで送迎しろ」とか言ってくるから。「ボーイの給料くれるんですか。こっちも商売ですから、無理いわんでください」って強く言ったわけ。

――　修羅場やん。

洋介　そうそう、内心、超焦ってた。けど本物のヤクザかどうかわからんかったけど、飲ませろとか、送れとか、けち臭いだろ？　そんで決め手は、そいつがとうとう組の名前出しよったわけ。「〇〇（地域名）の□□（組名）って知ってるか」って。それでこいつ偽もんっぽいなってなってから、先輩の（暴力団）関係者に問い合わせたら、そいつ少し前にそこ辞めた奴だってから、先輩が来てくれて、そいつ連れてかれたよ（笑）。

――すげえな、よくわかったな。

洋介　俺もだんだん強気になってきて、帰らんと警察呼ぶよって。そいつ、今頃やばいんじゃない（笑）。

そのとき彼は、一人ではとうてい切り抜けられないような事態に陥ったものの、地元の暴力団関係者の先輩に照合した上で、最終的にはその客を追い返した。暴力団の構成員かどうかを見きわめる際に、地元つながりやそこで共有された経験知がものをいった。自称ヤクザを前にして洋介がひるまなかったのは、下積み時代の経験や業界の（細かい事情はもちろん）全体像を把握していたことが大きい。

洋介　ヤクザが「店で暴れるぞ」って脅してくるだろ。あれって、そもそも意味わからんわけよ、俺からしたら。一般人が店で暴れてヤクザを呼ぶことなんてないだろ。警察呼べばいいし。もしヤクザが暴れても、ヤクザは呼ばない。警察呼ぶだろ。（警察なら）タダだし。

同業の経営者がヤクザに頼ろうとするのは、法律上、認められていない深夜にキャバクラ営業をしているため、警察には頼れないと考えているからだ。そこには、アングラな商売でのトラブルは、ヤクザが仲介するしか解決手段はないという前提がある。確かにそうではあるが、深夜営業などの程度の軽い違反で、「最後の切り札」としてのヤクザにいちいち頼っていてはお金がもたないと洋介は考えていた。

彼が経営するセクキャバも、いつ摘発されてもおかしくはなかった。だからといって、ヤクザが脅してくることはないと、彼はわかっていた。風俗営業におけるセクキャバの位置づけ[34]、収入などを考えれば、この程度の店舗にヤクザが組織的な嫌がらせをすることは、よほどのことがない限り生じえないからだ。

## 越えてはいけない一線――警察への対応

警察に対しても、ヤクザ対策と同様に「足元を見て」対応した。店をオープンした当初、女性スタッフには「（お客と）盛り上がって、酔ったいきおいで（体を）触られた」と答えるように指示していたのが、風俗経営を軌道に乗せた四、五年後には次のように変わっていた。

――女の子はどんな子が多いの？

洋介　そういえば、この前うけるのがいたよ。その娘、セクキャバ初めてだったらしくて、初日に「ローションありますか」って、手マンさせようとしてるわけよ（笑）。「お前それはやるなって言っただろ」って言って、速攻で（店を）やめてもらった。「あそこ、手マンやらせるよ」とかってサイトで噂になって、警察に来られたら、店つぶれるよや。

――仕事の説明はどうしてるん？

洋介　冗談抜きで接待の仕方しか教えん。最初にそれ（酒の提供の仕方）しか俺は教えんからよって確認して、「性的サービスは一切しません」っていう直筆の誓約書に一筆書かせる。そうしといて、「お客さんとるためにいろいろサービス考えてな」って言う。ただ、はっきり言ってないんで、さっきみたいに手マンさせるやつもいれば、酒しかつくらんやつもいる。そういうのは、時給でわかるだろ？

34――ソープの場合、営業する場所と時間は、風営法によって規制されている。また、規模が大きい風俗店は数も限られ、動くお金も大きいが、その大半はヤクザ関係者が管理している。それに対してキャバクラの場合、開業する場所も時間も、風営法の規制はあるものの、実際に取り締まりが行われることは多くない。このため、ヤクザ関係者による管理にもむらがある。セクキャバは、その中間程度の管理下に置かれている。

――いくら払ってんの？

洋介　四〇分で三五〇〇（円）。ソープと飲み屋（キャバクラ）の間になってる。そいつはそれを誤解したみたい（笑）。そういうのがわかってる経験者もいれば、自分がこの世界に誘ったのもいる。

その場限りの対応では警察に通用しないことがわかって、洋介は女性従業員に誓約書を書かせることにしたのだった。「手マン」をさせようとした女性はすぐクビにし、女性スタッフに対して性的サービスをするよう指示を出すこともない。つねに情報収集を怠らず、数々の経験を積むなかで、何が警察に通用する方法で、何がそうでないかを身につけていた。

洋介にとってセクキャバは、短期間で儲けるための仕事ではなく、ある程度継続して収入を得るための「安定」した仕事だった。無認可のセクキャバを長期間経営するのはリスキーだと思われるかもしれないが、洋介は地元の同業者から、どうすればリスクを回避できるのか、その方法論を学んでいた。

――（セクキャバ店の受付台の備品を見ながら）何にもねえな。

洋介　あったら、（警察が来たときに）面倒だろ。女の子はホントに本名知らん。

――面接んとき、聞かんのん？

洋介　聞かん、聞かん。

――履歴書もなしか？

洋介　そんなのいらんし、あっても（ここには保管せずに）すぐ捨てる。

――なんでよ？

洋介　もしもんとき（警察が内偵捜査に来たとき）に（自分）一人でとめたい。大きいの（一斉検挙）はないけど、（隣町で）セクキャバの摘発がちょくちょくあるからよ。ぎりぎり、未成年かどうかのチェックのためにそれっぽい（若そうな）娘だけ、免許証で（年齢を）確認するだけ。

セクキャバ店の経営を長く続けるために、洋介は女性スタッフのサービス内容だけでなく、未成年者は雇わないといったことまで、事細かに気を配っていた。

洋介　セクキャバは、クスリと未成年とヤクザに手を出さんかったら、大丈夫。あとは荒稼ぎもダメ。同業者に密告される。

……

洋介　バカ（な経営者）は（何も知らずに）手を拡げすぎる。たとえばピンサロ経営しながらそこで未成年雇って、エステもやる。そういうのは捕まる。この前も一一月に○○（地域名）のエステが摘発された。

……

洋介　警察は店の娘を風営法（の時間外営業などの軽い違反）で捕まえて、（取調室で）「コイツ知らないか」って言って、ヤクザの写真を見せてくる。セクキャバなんかでパクる気は最初からないわけよ。

……

洋介　俺もいつか捕まるよ。初犯はみせしめで、執行猶予《しっこうゆうよ》つけられて終わりだけど。リーチ（執行猶予）中は店を再開したらダメ。ただ名前変えてみんな始めてるけどよ。だって、一つの店つぶすために、警察も延べ一〇〇人くらいで内偵とって、二、三カ月張り込んで、令状とって一気に乗り込んでくるわけよ。一回捕まえたら、捜査も最初からだろ。ヤクザとクスリが絡まんと、警察も引き合わんよや。

彼はセクキャバを経営するにあたって、越えてはいけない一線——未成年者の雇用、ヤクザ、クスリに手を出すこと——を熟知していた。その境界線を越えた途端に、所轄《しょかつ》の警察署ごとに、あるいは警察官によって違っていたそれまでの対応が一変し、逮捕に向けて足並みをそろえて動き出す。

その境界線を決める主導権は警察の側にあり、そのことも熟知していた洋介は、警察に対して、周辺地域や同業者から警察の動きに関する情報を入手し、内偵の時期をめぐる情報戦を挑んだり、[35]内偵時の対策を練ったりした。風俗店の経営を長く続けるにはそれが有効だと考えていた。

洋介が言う「足元を見る」とは、このように、警察やヤクザといった、自分を取り巻く状況を的確に判断し、いかなる策を講じ、変化に応じてどう対応するかを判断することを指す。そこでは、ヤクザや警察といった相手の「足元を見る」だけでなく、自分の力量、立場による限界を冷静に見きわめること、つまり自身の「足元を見る」ことも重要であった。

洋介　上下関係とかわかってん［わかってない］やつがそういう（性風俗業の）世界に入るのは、あぶない。実力だけがものをいうんじゃなくて、（この業界の）縦と横のつながりも大事。警察との対応も一緒。生意気に敵対するんじゃなくて、「（セク

35——警察が内偵に入ったとか、ある店が営業停止になったといった情報は、業者間でやりとりされる。洋介は、それらの情報を関連付けて、取り締まる側の暗黙のメッセージとして読み解こうとしていた。ある情報が「餌まき（取り締まりがあるという雰囲気を醸成するだけで、実際にはその可能性のない、あてにならない情報）」か、そうでない有効な情報かを吟味した。

キャバに警察が来て）風俗みたいなことやってないよね？」って聞かれても、笑顔で「はい、ただのキャバクラです」って言って帰さないと。生意気にすると、どんどん摘発されるよ。

……

洋介　（下積みの）受付してるときは、（警察からの）逃げ道は常にたくさんあるように見えたけど、警察が本気なったら無理。令状ついて（警察に店まで来られ）たら、証拠（を）おさえられてるってことだから、どうあがいても無理（なのよ）。

警察とやりあう気など、洋介にはさらさらなかった。経験の浅いオーナーたちの「なんで俺だけ捕まるのか」という不満は、警察には通用しないことを彼はよく知っていた。大規模店の経営者とちがって、洋介の場合、警察ＯＢを管理職に迎え入れたり、手広く店舗展開をするようなことはできない。警察にコネを持ち、資金も潤沢な大規模店であれば、たとえ令状が出たとしても、ＯＢを窓口にして、どの地位の人間をどういう罪状で検挙するかなどの交渉は可能だと彼は見ていた。それが無理だからこそ、令状が出る前段階の情報戦を、洋介は重視していた。風俗業を続けられるかどうかは、警察の判断次第だ。だから洋介にとって、警察の「足元を見る」ことは欠かせない。重要なのは、それだけでなく、常に洋介は、自分の力量と立場を測定してもいた。

うした判断力が、地元つながりによって培われた、ということだ。風俗店の立ち上げだけでなく、「安定」した経営を続ける上でも、地元つながりは有益な情報を洋介にもたらし、女性スタッフなどの人材供給源ともなってくれたのだった。

## 女の子を雇う

性風俗店の経営で最も難しくて重要なのは、女の子をスカウトすることだった。洋介はどのようにして、女の子をリクルートしたのだろうか。

夜シゴト専門の求人雑誌には、彼の店の募集情報も毎月、かなりの紙幅を割いて掲載されていた。けれど、求人誌を通じてスタッフを探すのは簡単ではなかった。

洋介　（求人誌に載せるときの見出しは）セクキャバ嬢募集かな。でも広告で、（女性が）あたったことはない。仕事、セクキャバはやっぱり特殊な仕事だから、女の子みつけるのがむつかしい。広告も出すけど、これで、いい娘来たことがない。

……

洋介　毎日出勤して（セクキャバをまじめに）やろうとする娘もいれば、ただ（漠然と）やる娘もいるさ。俺も女の子に、わざとではないけど、「こういう仕事はずっとやる仕事じゃないから、目標達成したら、あがれるように頑張ろうねえ」って言うのに、最初にわざと。実際、辞めてほしくないけど。目標たててる子がいれば、「達成したらこの仕事、足あらおうねえ」って言って（誘う）。

求人誌で女の子をリクルートするのは難しい。面接に来た女の子に対しては、「あがれるように頑張ろう」と、辞めるときのことも話題にした。そうやって、相手との信頼関係を築こうとした。たいていの経営者は、求人誌からの数少ない応募者に飛びつく。それに対して彼は、冷静に面談をすすめた。地元での情報交換や経験は、その過程でも役に立ったという。

洋介　最近、めっちゃかわいい子が、飲み屋（キャバクラ）に応募してきたわけ。最初に（面接で）会ってから、通常は時給二〇〇〇（円）だけど、プラス二〇〇円つけても割に合うなって思って、しかも内地でキャバ嬢の経験もあって、二二〇〇円ってことにしたのよ。けど、こんな娘が店を移るってのが少し怪しいなって思って。普通なら、同じ店で働いたほうが時給も上がるだろ。それなのに途中で辞めて来たってことは何かあるって思ったわけ。そして、前の店のオーナーに聞いたら、そいつめっちゃ酒癖悪くて、客に絡むらしいのよ。めっちゃかわいくても、そういうのはダメ。次の日、電話かかってきたけど、（音信不通にして）あきらめた。もったいないな。

……

洋介　けどホントしに［とても］かわいかったから、そいつの電話番号は消さんかったんよ。遊びたいなって思ってて（笑）。そしたら、二カ月くらいたってから、電話があってから、「セクキャバ（店）の広告みて働きたい」って。あっちは最初、俺のこと気づいてなかったけど、面接で会ったら、やっぱしそいつだってからに、「（二カ月前は）電話壊れてから、連絡できんでごめんね」って謝って、セクキャバならそんなに酒飲まんからいけるだろって思って、今はそっちで四番バッター（稼ぎ頭）。

## 「地元つながり」を適切に使う

洋介は同業者とのつながりから、女の子の情報を入手し、身辺調査をしたうえで、雇うかどうかを決めた。雇う場合には、酒癖の有無、愛想がいいかどうか、英会話はできるかどうか、容姿はどうかなどに応じて、職種を振り分けた。

洋介　じゃあまず一人目の女の子、これ京子な。京子は近所の娘な。京子の友だちを加奈として、加奈は京子が昔にクスリ（覚せい剤）さわってた［使用してた］のは知ってるわけ（この時点で京子はクスリをやめている）。バカだけど、正直、俺もクスリに関してはホントあまかった。加奈は、地元の一つ上の先輩な。今は別の店で働いてる。

――京子とおまえとの関係は？

洋介　俺とは友だちで、一八（歳）ん（の）ときに遊んでた仲。

朝方に京子からメールがあって、「加奈が帰してくれない。（俺に）迎えに来て」って言うから、聞いたら、（京子に対して）加奈がクスリを誘ってくるっていうわけ。「（京子に）警察呼べ。捨てれ。燃やせ」っていって、そんときは電話きった。

そしたら、しばらくして京子が「加奈を俺の店で働かせて」って言ってきてからに、迷ったんだけど、京子が「自分が（加奈の）面倒みれないと（自分も店を）辞める」って言い出して。（加奈が覚せい剤を）絶対止めるならオッケーってことで、来て（働いて）もらった。加奈は地元の先輩だしよ。

そしたら、京子が「加奈は家に（クスリを）持ってるよ」って言ってきてからに、それを京子が（加奈の覚せい剤への関与を絶つために）売ろうとしてるわけ。加奈は（覚せい剤に関して）ぺーぺー（ド素人）だけど、京子は玄人で、当時捕まったことがなかった。それで（加奈の代わりに）京子が買い手を探して、その日取引するために店に（加奈の覚せい剤を）持ってきてたわけ。ビビるよや。〇〇（隣町）で地元の先輩に売るってからに。それが（警察に）みつかって、一週間後に（警察に検挙された）京子から、「急だけど出勤できない」って電話がきた。

……

――（拘留期間を終えた）今、京子は何してる？

洋介　今は別のセクキャバで働いてる。たぶん（俺のこと）愚痴ってるはずよ。

――そういうの（京子が覚せい剤をさわってたこと）って、同業者同士で情報交換してるの？

洋介　告げ口みたいだから言わん。

――加奈は何してる？

洋介　すぐクビにした。今は地元の先輩がやってる○○（隣町）のキャバクラで働いてる。

――先輩にも忠告してないの？

洋介　一応、先輩には忠告したけど。それは地元の先輩だからよ。普通はそんなことはしないよ。

これは覚せい剤に関わった二人の女の子の話だが、ここでは、京子のことを言い触らしたりしない洋介の態度と、それでも地元の先輩だけには加奈について伝えたことに注目したい。

これまで洋介は、地元の先輩から、業界の事情をはじめ、さまざまな有益な情報を得てきた。だからこそ加奈のことを、地元の先輩にだけは伝えた。にもかかわらず、先輩は加奈を雇った。

洋介からすると、先輩の判断はあまりにもリスキーだった。けれど洋介は、それ以上は深入りしない。それは先輩への礼儀であると同時に、自身の身を守るためでもあった。いくら地元の知り合いが、助けが必要な状況にあるとわかっていても、そのすべてに手を差し伸べることはできない。

こうしたなかで重要なのは、地元の人間が得た京子と加奈の情報を、適切な範囲で、適切な方法で用いるということだ。そこには、持たざる者同士が、貴重な情報を共有しようとする互酬性《ごしゅうせい》の論理が働いている。と同時に地元という場には、情報にせよ、人間関係にせよ、適切な範囲と方法でそれを用いることができない人間は見捨てざるを得ないという力学がつねに働いているのであった。

女性スタッフをめぐるやり取りからは、地元つながりにアクセスし、それを維持するだけでなく、それを適切に使う力も重要であることがわかる。そしてこの力は、地元の先輩のリスキーな判断を反面教師とすることでも培われることが、このエピソードからもわかるだろう。

# 5　風俗経営をぬける

## 女性スタッフへのサポート

洋介は、精神的な負担の大きいセクキャバの女性スタッフのために、働きやすい環境づくりに力を入れた。それは女の子のためだけでなく、安定した経営のためでもあった。

――女の子が求人誌で入ってきて、（従業員グループの）なかの娘（同士）で、仲良くなったりとかは、やっぱあるの？

洋介　少ないな。うち、考えたら、お店で、食事会やっても、やっぱ、来る娘、来ない娘、はっきりわかれるし。

――何回か、そんなことしてきたんだ？

洋介　二カ月に一回くらいはやっているわけよ、食事会とかは。「全員参加でお願いね」って言うけど、でも家庭の事情とかもあるはずだし、来れない娘とかは、大目に見るとかだけど、そしたらけっこう、半分以上来ないかな。

――半分くらい来るわけじゃろ。そもそも、この業界で食事会しているの、おまえくらいじゃない？　他のオーナーはやっている？

洋介　やってないかもしれないけど、俺はやってあげたい。だから、来月くらいにビーチパーティもやろうねって話はしているけど。（女の子同士が）仲よくなっていい、仲よくなってこそ、お店の雰囲気もよくなるんじゃないかな。

性風俗業でこのような取り組みは珍しいものだった。女の子に気持ちよく働いてもらうために、丁寧な言葉がけにも洋介は注意を払っていた。

洋介　（もし、従業員が辞めるとしたら）ただただ愛情不足だったんだなみたいな、愛情もって接していたらそんなこと、絶対にない。
上間　愛情ってなに？
洋介　愛情、コミュニケーションかな。
上間　事情とか聞いたりとか？　子どもいる娘も多いって言っていたよね。
洋介　子どもいる娘も多いから。だから、なんか言葉一つひとつもなんか、だから、「子どもが熱出したから休みます」って言って（きたとして）。「あ、わかりました」って言うのと、子どもの気も遣っているよ、みたいな（感じで）、「今、インフルエンザ流行っているっていうからね」とか「お大事に」とか言ってとでは違うし、言葉一つひとつ気を遣ってしゃべってるし。

洋介は、女性スタッフの仕事の愚痴だけでなく、家庭や恋愛の相談にも乗っていた。そんな彼に好意を寄せるスタッフもいたが、女性従業員に手を出すことはなかった。贔《ひい》屓《き》していると誤解され、集団で店を移られたら、元も子もないからだ。このように細心の注意を払いながら、彼は女性スタッフに接してきた。

### 杏里と真奈

ある日の深夜二時、洋介に電話がかかってきた。着信履歴を見ると杏里からだった。彼女は洋介の地元の先輩で、かつてルアンでも働いていた。洋介はすぐ電話をかけなおし、会って話を聞いた。杏里はそこで涙を流しながら、覚せい剤をやめたいと告げた。彼女はクスリ漬けの状態だった。

洋介の話では、幼い頃から杏里は複雑な家庭環境の中で育った。母親が働きに出た後の深夜のアパートは、似た境遇にある地元の子どもたちのたまり場だった。中学を卒業した後、彼女は住む場所も仕事も転々としながら、生きてきた。貯金も増えず、住所不定で、健康保険なども使えなかった。先月からは、新しい彼氏のアパートに入り浸っていた。

杏里は、いろいろあってルアンを辞め、洋介とは疎遠になっていた。杏里からクスリの相談を受けた洋介は、すぐに私に電話をかけてきた。
洋介は風俗店の経営を「安定」して続けるために、クスリ絡みの女の子は雇わないし、関わらないと決めていた。そんな洋介からの、突然の相談だった。洋介は私に、女性スタッフとクスリについて、こんな話をしてくれた。

洋介　実はよ。真奈っていたさ。あれがよ去年、クスリで自殺したわけよ。
――えーー。
洋介　だから、もう正直（杏里から）クスリで（相談があったときに）またかよみたいな感じもあったしよ。ほんとは関わらないでおこうって思ってたんだけどよ。無視しようって。やっぱりそうはいかないんだよなあ。おれが引っ張ってきた（誘った）のもあるし、地元の先輩でもあるし。
――まあ、そうだよなあ。
洋介　ルアンが先月くらいかなあ。警察のガサ入れはいって、その後に、女の子みんな働き口がないわけよ。要は、今まで生活してたお店だから。それで、俺も女の子をどっかに紹介するってことは、やってたんだけど、なんかもう、そういう気にもならんくて、とりあえずみんなの生活があるから、ほんと自分たちで、「できることはするけど、最後は自分たちで決めて」って伝えて、真奈も最初は紹介したんだけど、やっぱりずっとルアンでやってたから、「あわない」って、ちょっとふわふわしてる時期があって、この時期に、変な男につかまってるわけよ。やっぱみんな（生活がくずれるきっかけは）男絡みだわけさ。やっぱみんな男絡みだわけさ。

――なるほど。

洋介　それでこの男、ほんとに映画の世界よ、シャブ漬けじゃないけど、こうやってクスリ渡されて、真奈はずっと、しょっちゅう連絡来てたわけよ。「ルアン開けないの、ルアン開けないの」って。（ガサ入れされて）そんな簡単に開けられる状況じゃないから、すぐ。

――まあ一回、ガサ入れはいられたらなあ。

洋介　「ちょっと待ってよー、いつかやりたいとは思ってるけど。今はちょっとだけ待っといて」って言って、（話を）流してたんだけど。そしたら、この変な男につかまって、この変な男がどこかの風俗とつながっているわけよ。で、この男が、真奈をこのお店に紹介して、紹介料をもらったりしながら、お金欲しいから、出さして。出勤して欲しいから、こういうの（クスリ）を与えてみたいな。休んだりしたら、この男にボコられるって、こんな感じだったわけ。いきなり、知り合いから、なんかわからんけど。セクキャバの女の子が誰々のおうちで自殺したってよって聞いたら、真奈だった。

……

洋介　だから今回、またこの女（杏里）も、男絡みなわけさ。ダメなのもわかってるし、怖いのもわかってるんだけど、やっぱり身体が（クスリを）求めるんだはず。あとは変な男が（無理やりに使わせる）。

――そうだよな、男がな。

洋介　この男、俺が黙らしきれるんだったら、いいんだけど、得体が知れんわけよ。男の話も聞いてたけど。なんかヤクザ絡みだろとか、どこどことか、いろんなとこが出てくるから。正直、なんていうのかなあ。おれも裏の力を使える状況じゃなかったから。どうしようってなったときに、ちゃんとまっとうに、（知り合いの大学教員の）上間ちゃんとかに相談するしかないよなあって。（俺は）別に風俗やるなとか言わんしよ、ヤクザもヤクザやるなとか言わんけどよ。やっぱりクスリはよ、絶対、絶対だめだな。通報しようかなとか。この女も捕まらそうかなと思った。こいつのためだから。本人も捕まってやめられるなら、捕まってもいいとかって言うから。

――そうなんじゃ。

洋介　やめたいではあるらしい。この女が死ぬとかなるより、ぜんぜん捕まらしたほうがぜんぜんいいなって思う。

洋介は、杏里に近づいた男を「黙らし」たかったが、「得体が知れん」存在なので、「裏の力」は使えなかったと言う。「足元を見る」洋介のやり方では手に負えなかった。それ相応の経験を積み、対応力を身につけてきたのに、どうにもならなかった。そのことが引き金をひいたのか、ほどなくして洋介は、風俗店の経営から手を引いた。

## 6　性風俗店の経営と地元つながり

洋介は、地元つながりを足がかりにして、性風俗店を経営するにいたった。洋介にとっての地元つながりは、アイデンティティを獲得したり、自分という存在を認めてくれるものというより、目の前の仕事と生活を築き上げるための資源であった。親や学校、地域社会はもとより、建設業界に身を置いても、生活の土台を築けなかった彼は、地元つながりを元手にようやく自分の店を持ち、生活基盤を整えることができた。

地元の先輩から理不尽な暴力を受けて以降、洋介はその集団から距離を置いてきた。だからといって、関係が断絶することも、敵対することもなかった。会えば情報交換ができる程度の関係をたもった。と同時に彼は、建設業で働く者とは異なり、世代や地元つながりを超えた関係を築いていった。

バイク倉庫ではその地域の一〇歳以上離れた先輩と交流し、一〇代の頃に熱中したツーリングでゴーパチ（国道五八号線）で出会った「たしま［他の地元］」の連中は、後に彼が性風俗店の経営者として女の子をスカウトしたり、店舗でのトラブルを回避したりするときに力になってくれた。

当時のゴーパチには、週末ともなると沖縄全島から二〇〇人を超す同世代の若者が集まってきた。暴走族見物やツーリングのためだった。そこは、乗っているバイクの特徴や、それぞれが属する地元と世代を、互いに記憶し合う場でもあった。顔も名前も知らない者同士が、そのとき交流をもち、数年後に洋介は、当時の仲間とふたたび出会うことになる。

風俗店の経営で忙しくなってからも、洋介は愛車のバイクを手放さなかった。ツーリングにも行けず、バイクのメンテナンス代や倉庫代がかかったが、バイク倉庫で得たつながりを失いたくなかった。建設業では、地元の特定の先輩と一緒に過ごすよう求められたが、彼が身を置く性風俗業では、地元も世代も多様で、互いに情報を共有できる程度の関係がつくられていた。

こうした、世代と地元を超えて広がった関係性のなかで互いに交換し合う情報が、風俗業界では重宝された。女の子が新たに入店する際には、以前働いていたお店の経営者から情報の提供を受けた。警察の内偵の動きや覆面パトカーのナンバー情報なども、このネットワークを介して共有し合った。

敵対でも依存でもない適度な距離感がこの関係の特徴だったが、なかには支配―被支配の上下関係をつくりたがったり、強引に飲み会などに誘ったりする同業者もいたという。こうしたやり方は、ある日突然店がつぶれることのある業界では、共倒れにつながるリスクがあった。

といっても、すべての情報を共有し合っていたわけではなかった。洋介は当時、風俗店の大半の経営者と面識があった。けれど、そのなかで信頼できるのは三人だけだった。この三人の経営者とは、女の子のクスリ歴の情報なども交換し合った。

ベッドの搬出を手伝ったときのオーナーもその一人であったが、それから数年後、その先輩は洋介の前から姿を消した。洋介たち経営者は、情報をもっている人間と信頼関係を築き、それから必要な情報を共有し合うという作法を身につけていた。だが、信頼できる数少ない同業者との関係も、いつ途絶えるかわからないものだった。

沖縄で風俗店の経営を軌道に乗せるということは、地元に拘束されるということでもあった。というのも、地元つながりを断ち切ってしまえば、風俗営業を続けること自体が難しくなるからだ。それだけではない。地元での商売で、相手の「足元を見て」、一人勝ちを続けることは不可能といってもいい。荒稼ぎをすれば、同業者から警察に密告されるなどして、仕事が続けられなくなる。

洋介は、地元つながりという資源を用いて風俗店を地元で立ち上げ、その経営を軌道に乗せた。地元つながりから継続して資源を得るには、地元を離れることは現実的ではなかった。

洋介にとって地元は経営の基盤であった。風俗店を「安定」して経営する上で必要な情報を得、女性スタッフなど働き手を確保するためにも、地元を飛び出すわけにはいかなかった。

ルアンの営業休止が続いていたとき、洋介が当時つき合っていた女性との間に子どもが生まれた。それまで結婚に興味はなく、沖縄の性風俗業界を着々と上り詰めていた彼は、突然、昼の仕事の経営へと舵をきった。

洋介　とりあえず、一応リスクとあわん。一人の変な奴ともめて、いまあるこういう店（セクキャバなど）、（状況が把握できなくて）三店舗とかが失われるよりかは（やめた方がよかった）、うん。あのとき（下積みの頃、自分が集中して見ることができるのは）、一店舗だから。（何かあってつぶれても）再起しようと思えばできるわけで、てか、まず倒れない自信があった。そんなの（変なの＝ヤクザや同業者）と、ケンカしても。

――へえー。

洋介　体が三つあるわけじゃないから、三人俺が各店舗に入れるわけじゃないから、今は無理かな。

――それはなんで？

洋介　力は絶対今のほうがあるけど。（当時は）イケイケさと。なんだろな、あと守るべきものもそこまで少なかったから。今は結婚もしたでしょ。子どももいるでしょ。やっぱり、そういうことも含めて安定だわけよ。ヤクザともめないのも安定だし、（ヤクザから）守ることも不安だから。

――当時はぶつかってなんかあっても失うものはないし（ってこと？）。

洋介　うん。なんなら、そういうのつきもんだと思ってたから、この商売。通らないといけない道とは思ってた。

ルアンに内偵が入ったときが辞めどきだと、彼は決めていたのかもしれない。洋介のことだから、昼の仕事を軌道に乗せるのも時間の問題だろう。

ルアンというセクキャバがあった。それは洋介と彼が雇った女の子たちがつくりあげた店だ。そして、そこに戻って働こうと懸命に生きた真奈という女の子がいた。今ではルアンのホームページも、毎日のように更新されていた真奈のブログ日記もなくなってしまった。

勝也　知れてるよ沖縄なんて、なにもかも。マナブにー［アニキ］、そうっすよね？
マナブ　終わってるぜ。どぅー［おまえ自身］が一番トップにたたんと、なんもできん。
勝也　うん。
マナブ　お金がまわってこないからな。
勝也　はい。
マナブ　いつまでも下の人間だったら、人の下のまま。

第四章

# 地元を見切る

## 1　地元を見切って内地へ——勝也の生活史

二〇一二年、勝也は中学を卒業して五年がたっていた。彼は、働くときも女の子と遊ぶときも、とても威勢がよかった。いったん話しだすと止まらず、話も面白いので、多少生意気でも先輩のうけがよく、女の子からも人気があった。だから彼は、地元での暮らしも仕事も安定していた。それなのに勝也は、そのすべてを捨てて内地へ向かった。

勝也は二人の兄と母親の四人暮らしだった。勝也の母親は、彼が小学一年生のときに離婚した。母親も一〇代の頃にはヤンチャしていたようで、心配した祖母によって、親戚のいるフィリピンに一時期、預けられたことがある。そんな母親は勝也に対して、常識にしばられずに自由に生きていいと促した。母親の彼氏にあたる男性からも、勝也はつよい影響を受けて育った。

勝也　おかー［母親］の彼氏がいるばーて。そいつは暴力団だけど、（俺にはそんなことは）関係ない。（彼氏と）俺はケンカしてきた。（家で）ケンカのときに「家族に暴力団出すなよや（であることを使うな）」って言ってやったよ。暴力団だろうと、家族は関係ないだろ。全身刺青の両腕（の）小指ないよやあ。

――小指ないってことは、もう止《や》めたば？

勝也　人のへまを、「こいつの指切るんだったら、俺の指で勘弁して」って（言って身代わりになったってよ）。

……

勝也　今までの（母親の）彼氏は、俺にやさしくしようとした。ただそいつは初対面で俺にむかって「にいさん、あいさつはー」って言うわけ。俺、心の中で「ここ、俺んちだよやー」って叫んだよ（笑）。そいつはおかんの彼氏っての（という立場）をくずさんで、俺が悪いことしても（俺の父親ではないから）怒ったりせんわけ。今までのやつ（母親の連れてくる彼氏）は父親面して（俺に対して）怒るばーよ。自分はめちゃくちゃしてるくせによ。ただ、そいつは（その彼氏にとっての彼女だから）おかんを困らせたときは「ぬがーらさんくとぅらやー［絶対、許さんからよ］」って言って怒ってきた。なんでも、暴力団でも不良でも絶対に一番になれって言われた。

暴走族の一員だったころ、暴走族向けの雑誌『チャンプロード』に、地元の先輩とともに彼のインタビュー記事が載ったことがある。要領のいい彼は、暴走でも万引きでも、補導されて矯正施設に入ったことがない。しかし、それでは箔《はく》が付かないので、インタビューでは鑑別所と少年院に行ったと答えている。

二〇〇七年ごろの暴走族は毎晩のように道路へ繰り出していたので、警察による検問も厳しかった。警察に捕まれば激しい暴行を受けるものの、その経験をして（拘留されている警察署から）出署することは暴走族の少年たちにとって、ひとつの「勲章」だった。だから勝也も、インタビューのときに話を少し「盛って」いた。

地元の中学校を卒業した彼はK地区の暴走族で活動し、そののち鳶になった。実家暮らしだったから、給料のほとんどはキャバクラ通いで消えた。「俺、松山（キャバクラ街）で生まれたんだよ」、「俺、吉原（風俗街）で育ったのに」と、よく話を「盛って」いた。彼が育ったのは、松山でも吉原でもなく、本土からの移住者のあいだで人気の高いK地区だった。この地区で彼は、小学校の頃から先輩たちとつるんでいた。

勝也　小学校は一年生までは行ったかな。二、三年生から先輩のおうちで遊んでた。年間五〇日くらいしか行ってないはずよ。先生がたまに迎えに来るわけさ。中学校なったら、そのまま延長線よ。先輩のうちで五、六名よ。タバコとかなんでも。
――シンナーは？
勝也　あんなのせん。万引きよ、何でも盗んでた。洋服も、靴も、弁当も大根も、派手に。見つかっても。

――窃盗では捕まった？

勝也　何回も捕まった。

中学生になっても学校には行かず、先輩たちとつるんでいた。勝也がまだ中三のとき、学校について話を聞かせてもらったことがある。

勝也　学校は行ってん［行ってない］。担任の若いのくるした［殴った］。（そのとき）警察呼ばれたよや。

――なんでキレたん？

勝也　違反のズボン履いてってから、そいつに注意されたわけよ。それで、学校行かんくなったけど、久しぶりに行ったら「何しに来た、ゴミ」って言われて、それでキレて先公殴って、椅子投げた。

――中学んときは何してたん？

勝也　普通に働いてたよや。（同級生に向かって）なあ？　俺たち、現場で毎日ちゃー［たくさん］殴られーよ。

――ヘマしたから、やられんの？

勝也　うーんん。班長は現場に普通に酒飲んで来て、理由もなく桟木（木の棒）でちゃー殴り。体中、常にアザだらけで、あの頃よく女に心配されたよ、やー（笑）。

――理由もなくやられんの？

**勝也**　そう。目の前にいるだけでやられる。○○（同級生）なんて腸炎で（仕事を）休んで、ちゃーくるされよ［激しい暴行を受けたよ］。だけどその班長はいい人だった。俺たちの気持ちもわかってくれるばーよ。

彼は中学生の頃から建設現場で働いていた。そこでの経験と先輩たちの話から、中学卒業後の進路を決めた。ある晩、中学を卒業したら働くと宣言した勝也に対して、一つ上の先輩は、自らの経験をこう語ってくれた。

**先輩**　俺も（高校行かずに働けば）バイク乗れると思ったばーよ。（中卒で）働いてみ。自由になれん。働かんと周りから変なに見られるし。高校行っとけばよかった。学校のつまらなさなんて、仕事のきつさと比べれば、何とでもなるばーよ。学校がつまらんかったら寝とけばいいやし。

先輩が経験した現場のきつさは、学校のつまらなさをはるかに超えていた。それに耐えてようやく得た給料も、欲しくてたまらなかったバイクを買ったり、免許を取得するのに必要な額には程遠かった。そうした体験を、先輩は包み隠さず勝也に話してくれた。ところが勝也は「俺にはできる」の一点張りで、考えを変えようとはしなかった。そんなふうに言い張れたのは、中学生の頃から現場で働き、先輩が体験した現場での理不尽をある程度知っていたからだろう。

勝也の先輩や同級生たちは、地元で打ち子として先輩たちに雇われていた。打ち子とは、指定されたパチンコやスロットの台を打つことで報酬を得る仕事である。給与は時給で支払われ、結果がよければ大入り手当がつくこともある。打ち子をする若者たちは、開店から閉店まで指定された台で打ち続ける。

指示を出す先輩は、パチンコ店の内部関係者から得た情報をもとに打つ台を指定するので法に触れる可能性があるし、露見したときには関係者が解雇されたりヤクザが出てきたりとヤバい展開になる。指定された台はフィーバーすることが多いため、すぐに店員に顔を覚えられてしまう。そうなると出入り禁止を言い渡されることになるので、後輩たちは自分たちのことを使い捨ての存在だと思っていた。

こうしたなか、勝也は打ち子に手を出すことはなかった。

## 2 鳶になる

中学を卒業すると、勝也は左官屋として働きはじめた。母親の友人の紹介で、給料は日給七〇〇〇円だった。一五歳の彼にとって、それは大金だった。

勝也　中学卒業したばっか（り）だから、月に一〇日行けばいいぐらいよ、仕事なんて。セメントつくるだけ。サンダーかけて。

――それ（左官屋）をどのくらいやったん？

勝也　半年、一年やったかな。

――卒業式のあと、すぐ左官屋始めたん？

勝也　すぐ。

――えらいな。働いてない時期とかほとんどないんじゃ？

勝也　ないよ、俺。だって三月九日に卒業して、一五日にはもう仕事してたのに。とにかく金なわけさ、俺が思うのは。

――うん。

勝也　人生。

――うん。
勝也　世の中。
――うん。
勝也　しかも、遊ぶのにもお金必要さ。でー、何もしないのにもお金必要さ。絶対、なにするにもお金必要さ。
――うんうんうん、まあなあ。
勝也　女を抱くにも。
――うんうん。
勝也　だからやっぱり仕事かなって。

遊ぶことを覚えた彼は、そのためにも稼ぐことが大事だと考えるようになる。一〇代の頃は遊びを優先させて、仕事を「チョンボ（無断欠勤）」することも多かった。そんなとき、地元の先輩の紹介で鳶に転職した。

勝也　（若い頃は）しっちー［頻繁に］休んで中途半端だった。前の（鳶の会社の）親父（社長）と今の親父は幼馴染なわけさ。（そこで最初の会社を俺は）クビなったわけさ、五回くらい、同じ会社。クビなって「お願いします。次はまじめにします」

ってから、その繰り返しさ。

鳶の仕事になかなか身が入らない勝也に、鳶の社長は厳しく接した。

**勝也**　鳶で一人前になりたい。今の会社の親父は「仕事ができるようにならんと給料上げんよ」って（言っている）。「長く続けるだけだと給料は上げないよ」って（言われた）。（それが俺としては）割とやる気につながっている。

たぶん、それを変えたのも前の（離婚した）奥さんかなって、自分では思うよ。なんていうのかな。ダラダラさせられたのも、最初に就いた鳶、なんていうの、最初に就いた仕事、この奥さんのせいで狂ったし。この奥さんを狙うのに必死さ。夜中から起こされて、「迎えに来て」って言ったら行くし。「今日は泊まって」って言ったら泊まるし、「飲みに行こう」って言ったら飲みに行くし、それは仕事行かんからさ、狙ってる女に必死だから。

だけど、いざ結婚するってなったらやっぱり、中途半端ではいけないから、子どももできてるから、だからやっぱり奥さんもその辺は俺をちゃんと仕事に行かすし、絶対休まさないし、だからそれを変えたのも奥さんだね。最終的にはカモにされたし（笑）。

鳶として一人前になるのに四、五年はかかるが、その期間にただ漫然と作業をこなすだけでは給料を上げないと社長から直接言われ、彼はやる気になった。結婚した女性も、彼が鳶として一人前になるよう、その気にさせた。遊びや女性に夢中で仕事は二の次だった時期について、彼は鳶の社長と話をする機会があった。

**勝也**　今の親父（社長）は、その姿（前の会社で休みがちな状態）もずっと見てたって。こいつ（勝也）はそんな中途半端じゃないって、絶対やればできるって、だけど女で狂ってるよなあって。俺なんか、親父も言うわけさ、今でも。男は女がいるからこそ仕事も頑張れるし、女がいての仕事だろって。それで子どもができて、やっけーって「大変に」なるさ。それで俺なんか、前の親父は（俺を）クビにするさ。（クビになって）仕事もしないでだらけていたから、子どもできたわけさ。

……

**勝也**　こんときに、今の親父に電話して、「すんませんけど、ほんとお願いします」って（お願いした）。だけど、俺がそんときに言われたのが、「おまえ、ほんとに自分で今頑張れると思うか」って。「おろしたよ」って。「俺は一六（歳）で子どもおろした よ」

にはできなかった」って。って。「おまえはこれでほんとにできると思うのか」って（社長に言われた）。「俺は、おまえが前の会社でやるみたい（によく休むよう）だったら、俺はすぐ（クビを）きるよ」って。「またやらしてくださいって言っても、おれは絶対受け入れないよ」って。「それでもお前がやりたいって言うならやれ」って言われたわけさ。で、俺は、「お願いします」って言って入ったさ。

……

勝也　俺を（自分の会社に）入れることで、（今の親父は）前の親父との関係が崩れてるわけさ。（二人の親父は）幼馴染なのにずっと一緒にワルしてきて。○○（暴走族名）の人たちなわけさ。ずっとワルして、一緒に暴走したり、つかまったり。

最初は、（二人は）一緒のとこ（会社）で働いてたけど、独立したって。なんぎさー「めんどくさがり屋」だから（すぐには独立を）しなかったわけさ。だけど、仲良くやって。仕事分け合ってたり、どこどこで応援（の仕事が）あるけど、やったー［おまえたちが］行くかって（お互いに仕事をまわしていた）。

だけどそんな関係まで俺は崩したわけさ、俺が入ることによって。要は前の親父からしたら、今の親父が俺を入れるのが気に食わんかった。「（おれを入れることに関して）おまえは馬鹿か」って。「なんで俺のところにいたのを（引き）抜くば」みたいな。だけど俺なんか、親父は「なんでかって、あいつは頑張るって言ったんだろ、お前はそれを断ったんだろ」って、「それを拾ったのは俺さ」って。「俺は可能性にかける」って、親父は言ってるわけさ。これは後から聞いて、これでしに［とても］けんかしてるわけさ、二人の仲が崩れるぐらい。

こんな幼馴染が、俺は（関係を）崩してるから。これは絶対、仕事も休めないなって、結果出さないといけないなって。絶対頑張らないといけないなって思って。俺は仕事も絶対休まず、へんな意味（理由）のわからんことでは、酒飲んでも休みはしないし、女の子に誘われても断って、よほどのことがない限り休まんかった。

この親父が俺に黙ってたことも、かっこいいさ。俺が親父に言われたのは、「こんなして（無断欠勤は）絶対やるなよ」って言われたのと、親父は「俺んとこ（の会社を）辞めるのは独立するときに辞めれ」って。「（勝也が）他の会社に行って、他で（こき）使われるのは嫌だよ。独立していくときにしか、辞めるな」って言われたわけさ。俺なんか、親父、男だよ、男気あるし。おっちゃんって言っても三二だけどよ。打越、同級生（三二歳）だな。

新しい鳶の社長の言葉や働きかけは、勝也のやる気をかきたてた。忙しい時期に親父は、月曜から土曜まで出勤した従業員たちに、日曜も仕事をしてもらった。そして、「（日曜日は）お前たちなんか（が自由に過ごす）時間だけど、仕事に出てもらってるから」といって、賃金を中抜きしないまま、通常は一万円以下の日給を一万二〇〇〇円支払った。意気に感じた勝也は、月三〇日フルで仕事に出ることも少なくなかった。

鳶を始めてしばらくたった頃、勝也から、仕事の魅力について話を聞いた。

――仕事やってておもろいことは？

勝也　仕事の後に飲みに行くときかな。（飲み屋で）今月も頑張ったぜーって。いい客じゃん俺。

――自分のためにお金使わず、汗水流して働いて、女の子にお金をまわすと。

勝也　おい、人生楽しまんほうが、バカ野郎だよ。

――仕事できついことは？

勝也　きついのは怒られるとき、親父とか先輩に。厳しいね。こうやって組まないといけないものを違う組み方したり、やれって言われたことができなかったり。

――三年働いたら、できない仕事ってほとんどないでしょ？

勝也　いやいや、あるさー。まだまだあるさー。親父でもできないことがある。鳶は何でもできないとだめだから。

鳶という仕事は、建設現場の王様といわれる。建物をつくるときに、作業のための足場を鳶が組まないことには何も始まらない。建物ができあがれば、こんどは鳶が足場を解体する。建物の設計図を描くことはないが、鳶がいなければ始まらないし、終わらない。そういう裏方として働くところに美学があると、この業界では言われている。彼もそこに魅力を感じて建設現場に通っていた。

ある年の夏、私は参与観察のために、T地区の型枠解体屋で働いていた。現場に到着すると、思いがけず、そこには勝也がいた。鳶の仕事で来ていたのだった。

班長から氷の買い出しを頼まれた私が階下に向かうと、勝也はそこで作業をしていた。私の目の前で後輩を厳しくあびって「怒鳴って」いた。私は「おーおー、命令するまで成長したか、ええ身分やのー、俺なんてお使いだよ」と冷やかした。

その日の夜、昼間の仕事で疲れていた私は、夜の調査は断念して、寝床に入っていた。夜中に勝也から電話がかかってきて、理由も言わず、地元のたまり場まで来てくれと言う。訳がわからないまま、勝也の地元に向かうと、彼の先輩、後輩たちがほぼ全員、顔をそろえていた。勝也が声をかけたのだった。そして、「打越、最後まで働いたばーて、大学生のくせに、こいつすごいよ」と、みんなの前で褒めてくれた。私は私で、現場で勝也が後輩に厳しく指示を出していたと、勝也の成長ぶりをみんなに話して聞かせた。

鳶という仕事は、建設業のなかではめずらしく将来への見通しが持てる職種だった。能力に応じて賃金が上がり、独立もできた。だからこそ勝也は、社長からの言葉を額面通りに受け取ることができた。

この頃の勝也は、「法律守って、俺みたいに稼いでるの、どこにいる？」とよく話していた。彼は「（地元の知り合いの多くがする）危ないこと（打ち子などのヤミ仕事）」に手を出さずに働き、稼いでいることに誇りを抱いていた。

## 3　和香との結婚、そして別れ

鳶の仕事に落ち着く過程で、勝也は一歳年上の地元の先輩と結婚した。勝也が一六歳で、彼女が一七歳のときだった。彼によると、彼女は「松山の元飲み屋の女（キャバクラ嬢）で、そうとう気の強い娘」ということだった。

勝也　この和香は、逃がしたくなかった。つき合ったときに、ほんとに狙って、どんな手、使ってでも口説くわけさ、友だちの彼女でも普通に奪ったことあるのに、きたないけど、最低かもしれんけど、好きなもんは好きだし、好きになるのにタイミングとかないさ、自分がこれと思ったら、ほんとに今すぐいく人だから。俺が間違っていないと思ったら間違ってないと思うし、何言われても、俺はもうそんなの聞かんから。だから、これで同級生からしにあびられた［ひどく怒られた］こともあ

るさ。だけどそんなの関係ないわけさ。相手の幸せも知らんわけさ。俺が幸せなら
それでいいって、ほんとに友だちから本気で奪ったわけさ。同級生がつき合ってた
女、むっちゃ口説いて、普通に奪ったわけさ。だけど同級生が俺にものなんて言え
るわけないさ、あの時代（笑）。

――（笑）。

勝也　で、ほんとに狙った獲物は絶対逃がしたくないわけさ、絶対頑張るわけさ、ど
んな手使っても。で、この奥さんは、（最初の頃は）ほんとに相手にしなかったわけ、
俺のこと、絶対。（女性が）一コ上ってこともあって。和香は、しかも昔、飲み屋
もやってて、いっぱい固定客もいたわけさ、金持ちとか、ほんとに、和香がいた店
では、和香がナンバーワンだばーよ。ナンバーワンで、お客さんもいっぱいいて、
そんなの、俺は相手にされるわけないじゃん、俺は。

――最初はなあ。

勝也　で、この和香の同級生の友だちと、（俺は）しに［とても］仲良かったわけ。要
は「（その友だちたちは、勝也の）地元のしーじゃ［先輩］だから、やめとけー」って、
しーじゃが言うくらいだよ。「（友だちからは、つき合うことなんて）無理だよ、遊ば
れてるだけだよ」（って言われた）。
だけどよ、そのとき、和香をしっちー［よく］飲み屋に迎えに行ったりしてたわ

け、夜中から、電話がかかってきて、「迎えに来てー」って。そしたら、俺好きって気持ちだけで動いてるから、もう仕事とか関係なくなるばーよ、どうでもいいよ。仕事とか知らんよ、みたいな。すぐ夜中から迎えに行って、「今日は帰りたくない」（って言われて）みたいな、じゃあ俺んち泊まるかって、そりゃー自分のあこがれの人と寝てたら、仕事なんてできるわけないやし、絶対。わからん（けど）、今の俺なら（それでも仕事に）行くかもしれんけど、あの時期はできるわけないさ。迎えに行く夜中から、三時とか四時とか五時だよ。「今日はお家泊まってて一」とか（言われたら）、普通に行くさ、喜んで行くさ。

このときにでーじ［めっちゃ］言われたんだよ、前のしーじゃに、「やめとけー、足（都合のいい送迎役）で使われてるだけだよー」みたいな。俺このとき、どんなに遊ばれても、どうでもいいよ、俺（和香と）一緒にいるやし、あいつがどう思っていようが、わー［俺］は幸せ、一緒にいるから、それでいいよって。それでも、ずっと相手にされなくて、エッチとかも絶対させなかったわけ。たぶんエッチをさせてしまったら、私はあなたに気があるよっていう意味になると思ったんじゃない。

――誘いはしたんじゃ？

勝也　ちゃーしーさ［たくさんしたよ］。チューまで、いつも。チューからは、それでも俺、しに［ものすごく］悩んでこのとき、一緒にいなくても別に仕事も行けないからよ、しかもなんていうかな、仕事行ったときに電話かかってきて、昼までに、今から呼ばれたらどうしようとか、意味わからんことを妄想するばーよ。それで仕事に行けなかったりとか。

で、ほんとに、でも一応、そういう話になって、「つき合おうぜ」みたいな（告白をしたら）、（和香が）「考えさせて」（って言うから）、（俺は）「考えさせてじゃない、今教えて」って言ったわけさ。「おまえが無理なら、俺は今の関係終わりたい」って。意味わからんわけさ、おまえその気持ちがないんだったら、俺にいつも会う意味もわからんさ。

そうじゃないですか、一応。で、こいつ、男ともたまに遊んだりしてたわけさ、俺にわかるように。わかるようにっていうか、わざとかもしれないけど。だから俺はこんなことされてもおまえのこと嫌いになれないからって、おまえと俺がつながっていなければ、こんなこと知ることもないさ。そしたら、きつくなるから俺もいないさ、そんな話をしたときに、「つき合う」って言いよった。飲み屋でバンバン稼ぎよったけど、「飲み屋も辞める」って言ったわけさ、そのとき、つき合って、仕事もしてなくて、彼女の家に居候してたわけさ。一緒に住んで、毎日中出し（セックスした）。たぶん、ほんとに一発目で妊娠してるはず。初めてのエッチで妊娠してるはず。で、（子どもを）産むって言いよったわけさ。

彼は、仕事そっちのけで和香を口説き落とし、やがて彼女は身ごもった。無事、子どもが生まれ、籍も入れた。鳶の社長の叱咤激励と、彼女のサポートを得て、勝也は仕事に集中した。けれど、互いに一〇代だった二人は、些細なことでよくぶつかった。当時を振り返って、勝也はこう語ってくれた。

勝也　だから、俺は今は奥さん（と別れたこと）に対して、しに［とっても］後悔もある。やっぱ妊娠中、ストレスもすごいんすよ。そんなときに俺は仕事に行って。俺は仕事に行けば気は楽じゃないですか、もう自由の身だから、一応。先輩たちに怒られたり、こんなのはあるけど、自由に外にいるわけじゃないですか。奥さん（は）妊娠（中）で、自由に動けもしないさ。そんなとき、家にこもって、一人で俺の帰りを待って、帰ってきたら、俺にストレスをぶつける、そんな（ことする）の当たり前さ。で、それをわかってあげられなかった。（俺は）まだ子どもだったんだよ、たぶん。

……

勝也　子どもが生まれて、（子どもは）毎日大泣き、そんなときにお家帰れば飯作ってくれるという奥さんの気持ちがあったけど、俺、この子どもが生まれて、すぐ

（にまた）妊娠させたんですよ。生まれて一カ月で、ほんとの年子なんですよ。もし、もうちょい間違えてたら、同級生だった。だって、そこらへんでわかってあげられなかったところもいっぱいある。

――仕事から帰ってきた勝也からすると、なんの理由もなく、何に怒られてるのか理由がわからんかった感じよね？

**勝也**　そうそうそう。

――たとえば、子どもの世話をしないとか、なんか理由がわかれば直せるけど。

**勝也**　俺の場合は、お家からも一歩も出ない、こんな毎日。

朝まで遊んで、朝まで飲んだり、朝までバイク乗ったり、朝まで女探したり、こんなしてた人間が、結婚して家から一歩も出なくなって、毎日家にいて、見もしないテレビを毎日見て、毎日同じ時間の繰り返し。もう一〇時くらいには寝て、朝起きて仕事に行く。仕事でまた怒られて、みんなに、先輩たちに。で、またお家に帰ってきて（怒られる）、ストレスあるじゃないですか。その時期、俺からしたら、「おまえは俺に何を求めてるの？　これ以上のこと、俺はできないよ」って（気持ちをぶつけた）。そうじゃないですか。一応、今までの生活と逆転して、こんなに頑張ってる俺を、おまえは感謝もないばみたいな。

感謝もなし、感謝どころかやー、それで、キレてるばみたいな。でも奥さんは奥さんで、妊娠してるストレスあるさ、産んですぐ妊婦、こんな赤ちゃんが、ちゃー泣きー［大泣き］して、きついなか、妊婦だからよ、お腹大きくなって、そりゃあ、きついだろ。それは俺が気づいてあげられなかったところだな、一番の。

――向こうもめっちゃ頑張ったと思うよ。どっちに非があったとかじゃないなあ。

**勝也**　和香も俺も、でーじ［とっても］頑張ったと思う。和香も完ぺきだったから、奥さんとしては。奥さんっていうか、なんていうのかな、家にいる人としては。

子どものこと、絶対ちゃんとするし、どんなに疲れてても夜中は起きる、子どものあれで、掃除も絶対されてるし、皿洗いも、おうち帰ったら必ずご飯はあるし。弁当も作るし。

だから、俺が何も言えないところもあったんだよ。やー［おまえ］も（家事を）ちゃんとできてないし、とか、ちょっとでもあったら言えたかもしれないけど、そんなところもない。奥さんは外に出ない、っていうか出れなかったから、あの状況で。妊婦だし。でーじ［めっちゃ］悪かったね。だから俺、後悔ではないけど、子どもが生まれてきてくれたことだから、何不自由なく二人。だけど、だけど、でーじ［とっても］俺は子どもが生まれたことによって、大人になれたこともいっぱいあると思う、自分が。

勝也が一八歳のときに二人は離婚した。籍を入れていたのは一年間だった。離婚にいたった経緯について話を聞くと、「毎日ケンカ。子どもの前でケンカ。子どもの前ではお面かぶらんとね。ケンカ中には物にはあたったけど、奥さん殴ったことはないよ。女を殴る人は許せんから。俺のほんとのおとーが、おかー殴る人だったから。酒飲んでおかー殴る人だったから。見てきてるから、男としてかっこ悪いなって（思う）。元奥さんとは離婚して仲良くなったよ」と話してくれた。

離婚した後は、和香と子どもと会う機会をつくった。そのときに養育費を渡すということを、しばらくは続けた。

勝也　俺の最初の子どもも三年生だよ、小学校の。
――　会ってる？
勝也　会ってない。ぜんぜん。
――　前は会ってたじゃん。
勝也　あっちが結婚したからな。
――　そうか。
勝也　離婚の時期も打越に相談したからね。
――　若かったね。

勝也　若かったで終わらせちゃダメなんだけどね。

和香が再婚したのを機に、二人が会うことは減っていった。

## 4　キャバクラ通い

勝也は籍を入れていた一年間を除いて、週末は飲み屋（キャバクラ）に通った。

勝也が初めてキャバクラに行ったのは、中学校の卒業式の日だったという。地元の先輩が卒業祝いに、彼を松山に連れていってくれた。

「すごかったっすねえ。影響受けたなあ、大人（の世界）じゃねえかよって。（キャバクラ嬢が）綺麗だよ、バカ野郎って（笑）。キラキラしてますねえ♪　こんなところがあるのかと、オアシスじゃねえかって」

しばらくは先輩に連れられて行っていたが、一七歳くらいからハマりだして、自ら後輩を引き連れて通うようになった。キャバクラに行くと、彼はお気に入りの女の子を指名し、朝まで飲む。その女性に猛烈なアタックをかけて交際に発展させるのが、彼のキャバクラの楽しみ方だった。建設業の先輩、後輩でキャバクラに繰り出して、後輩が先輩を接待するような遊び方とは、まるで違っていた。勝也の場合、後輩の分も彼が払うので、一晩で七、八万は消えていた。

　中の町のキャバクラへ向かう勝也とわたるに、私もついて行ったことがある。店に着くと、私たち三人のテーブルには、勝也が指名した女の子と、もう一人の若い女の子がついた。私はテーブルの雰囲気に合わせて元気よく振る舞ったが、一気飲みのコールとカラオケでの「アゲアゲな（ノリノリな）」曲の繰り返しに、なかなかついていけなかった。

　勝也は年の近い友人と二人でキャバクラに通い、キャバ嬢の女の子に積極的にアタックしていた。それが原因で、何度もトラブルに発展した。次に紹介するのは、例によって勝也がキャバ嬢に手を出し、その彼氏に呼び出しを食らったときの話である。


――　たしまー［他の地元の］しーじゃの彼女に手を出して、くるされたり［暴行を受けたり］とかないの？

勝也　よくあるよ。けんかとナンパは特攻隊長なんで（笑）。

――　何回もくるされた？

勝也　ううん、俺はそのしーじゃが（俺が手を出していることを）知ってキレたときに絶対にわからす（説得する）。口でわからす。

――　うん。

勝也　（おれの言うことは間違っているん）じゃない、（そう）じゃないんですかって（せめたてる）。

――うん。

勝也　っていうか、おれはしに［とても］もめたのが一番、飲み屋（キャバクラ）の女だばーよ。

――うん。

勝也　（口説き落とした飲み屋の女性が）○○（他の地元名）のしーじゃのいなぐー［彼女］だったばあよ。

――うん。

勝也　まったく知らんよ、（その彼女は）彼氏いないって言ってたばよ。（その女の子と）普通に遊んで、よく遊ぶようになって、あっちも本気になって、俺も一応、本気になってたばーよ。ほんとに、まさか彼氏がいるなんて知らんさ。

――うん。

勝也　（そ）して、たまたま夜中に電話かかってきて、とったから（その女の子の）男だばーよ。

――うん。

勝也　「やー［おまえ］誰か」じらー［みたいな展開］。わー［おれ］からしたら、やー

［目下の人に使う言葉で、「おまえ」の意］が誰かさ。知らん番号よ。しかも、「やーが誰よ」ってから。「人の電話に電話しといて、誰かってないだろ、やーよ」。（相手が）「なんとかの彼氏だからよ」って言ってるばーよ。「はー」とかって思って、その男によ。

この男によ、「それ誰かみたいなっていうか、やー、いくつで、やー」とか言ってるば（って言われて）、ちゃうちゃう、いくつだからなんとかじゃなくて、「俺、（そもそもまだ）年も聞いてないし」って言ったばーよ。だーるさ［そうだろ］。「わーは何歳だけど」って名乗ってるばーよ。ああ、一応、「ああ自分はすいませんねえ。そこ（年上に対して適切な言葉を使えなかったこと）はすいません」って（相手に）言って。

――上だったんだ？

勝也　うん。

――何歳？

勝也　二五。

――二五か、おまえいくつのとき？

勝也　一八とか。

――うん。

勝也　なんて言うば、それで、「やー、なんのつもりだば」って言ってるばーよ。なんのつもりだばって言われても、「なんにもないですよ」。「とりあえずやー［おまえ］」、わー［俺たちの］の家に来い」とか言ってるばーよ。わーの家とか誰よって感じさ、やーの家どこよって感じさ。

——（笑）。

勝也　だれだれ（その彼女）の家、わかるだろって、この女の家（の場所を）言いよったばーよ。一応わかるさ。

——うん。

勝也　「じゃあ、わかりました」って言って、普通に会いにいったばーよ。

——行ったばー？

勝也　行くだろそりゃー、行かんと埒あかんやし、行かんと、かめられる［探される］。俺、かめられるの一番嫌いだばーよ。なんか、堂々と外歩けないっていうの嫌やんに、それで俺は普通に行ったばーよ。

——へー。

勝也　普通に駐車場で話してから、「やー、なんのつもりか」って言ってるばーよ。「待ってくださいよ」って言ってから。俺、（彼女から）彼氏いないって聞いてたんすよ（って伝えて）。

――うん。

勝也　「はー、だーるばー［へー、そうだったんだ］」とか（その彼氏は）言ってるばーよ。「くにひゃー［こいつ＝彼女］は（彼氏がいることを勝也に）言った」って言ってるぜーみたいな。あー、おれ本当に彼氏いないって聞いてましたみたいな。

俺がいつも言うことは、この相手が浮気で、ほんとは彼氏いて浮気がばれたときに、いつもこの相手に言うことは「あなただって、彼氏がいないっていう女（が）遊んでくれるって言ったら、遊びますよねえ」（って言う）。だーるさ［そうだろ］。男なのに、俺（なら）「自分彼氏いる」って（女の子が）言っても、遊んでくれるんだったら、ぜったい遊びますよって。俺、今まで（自分の）女に浮気されたときに、相手の男、かめーて（逃げているのを）見つけたとき、くるしたこと［暴行したこと］一回もないばーよ。

――うん。

勝也　同級生とかじゃない、なんていうの。（女の子の彼氏が、自分の友人であることを）知ってて手を出すとかじゃない限りは。

――うん。

勝也　なんていうの、（友人の彼女であることを）知ってた友だちだったら、それは最悪さ。

――うん。
勝也　そいつの、俺だってまったく知らない、この女の彼氏のことまったく知らなかったら、普通にやるやし。
――うん。
勝也　だって、彼氏いるって言ってても、女が（違う男のところに）やってくるんだったら（仕方ない）。だから、浮気は絶対女が悪いと思うばーよ。
――うん。
勝也　こういうのは、じゃあそんなして言うけど、なんていうの、「あなたは「彼氏がいない」っていうキャバ嬢にハマった」、ハマるさ。
――うん。
勝也　で、遊んでたら、別に「それは普通のことじゃないです」って。
――うんうん。
勝也　「じゃあ、なんのためにキャバクラに行くんですか」っていう話をしたばーよ。だーるさ［その通りさ］、絶対。
――うん。
勝也　したから、「（彼氏は）やー［おまえ］はなんとかなんとか」って、わけのわからんこと言ってるばーよ。

――　うんうん。

勝也　「そんなに彼女のこと大事だと思うんだったら、（彼女が）飲み屋（で働くこと）も辞めさせればいいじゃないですか」って、「そしたら俺と出会うこともないじゃないですか」って。

――　うん。

勝也　だーるさ、一応、絶対。

――　うん。

勝也　（最終的にはその彼氏に）「やーは、いい男だなあ、わー［俺の］のいなぐー［彼女］もらえ」って言われた（笑）。「いや、いらないっす」って言った。それで速攻この女から電話来てから、「もうお店に飲みに来ないでね」じらー［みたいに言われて］、まじ、うしえてる［調子乗ってる］、速攻でよ（笑）。やー殺すよ、やーじらー［おまえみたいな］。わー（彼氏に追い詰められて）しょんべんちびりそうだったよって、

――　（笑）。

勝也　（お店に）行くか（行くわけないだろ）、行かんよ、ふらー［バカたれ］、やー［おまえ：目上の人には使わない表現］とかちゃーいい［言いたい放題］してから。

――　へー、機転きくよねー。

勝也　は？　ちゃう、ちゃう、これあたりまえのことやんに、一応、この男がおかし

いだろ。じゃあ、（彼女に）飲み屋やらせないくらい、やーが守ってみーって感じやんに？　思わん？　一応、この彼氏とか、仕事もしてなかったし、仕事もしてないって言ってたばーよ、そのいなぐー［彼女］が。話が終わった後によ。

――はあ。

勝也　ホントに最低だってから、一応、わーに（彼氏の愚痴は）言うなってからに、彼氏のことはなんも言うなってから（伝えた）。

――うん。

勝也　わー［俺］に関わるなって、ってことは、この彼氏、一応一緒に住んでるさ、たぶん一緒に住んでるばーよ。ってことは、彼氏も彼女に食わしてもらってるようなもんやし。

――うん。

勝也　そんななか、なに、この女が彼氏がいたってことは、やっぱり（キャバクラで売上を上げようとお客に）営業してたかもしれないさ。その営業に、なにやーは［なんでおまえは］首を突っ込んできてるかって感じ。

勝也は、キャバクラで働く女性を口説き落とした結果、年上の彼氏から呼び出しを受けた。それに対し彼は説得を試みて、暴力をうけるどころか、「わー［俺］のいなぐー

［彼女］もらえ」とまで言わせてしまう。それだけでなく、「飲み屋も辞めさせればいい」と、男性を責めたのだった。

トラブルに発展したとき、「かめられる［探される］」のを、彼はひどく嫌がった。それには勝也なりの切実な理由があった。

二〇一〇年頃の沖縄では、ヤンキーどうしの情報ネットワークは、それぞれの地元を超えた広がりをもっていた。バイクの売り買い情報から盗難バイク犯の捜索、浮気相手探しまで、このネットワークを通じて数々のやり取りがなされていた。

当時、スマホはまだ普及しておらず、もっぱらネット掲示板が使われていた。ヤンキーの世界で生きていくつもりの勝也にとって、この掲示板に、先輩から呼び出しを食らって顔を出さずに逃げ回っていると書き込まれるのは、何としても避けたいことだった。

そんな勝也は、一〇代の頃のように一晩で給料を使いきるような派手な遊び方はしなくなったが、離婚後しばらくしてからもキャバクラ通いは続けていた。

勝也　そこ（不倫）で気持ちが入っちゃったら怖いんだよね。どっちかが感情移入したら。「奥さんと別れてよ」とか「旦那と別れろ」とかって（なると怖い）。

最近まで一緒にいた、子ども三人いた娘なんて最初、旦那いたからね。俺たちも不倫から始まってる。俺も彼女いて、（だけど、その女性に）めっちゃハマって。毎日っていうくらい、この店行って、ナンパしまくって、「大丈夫、俺についてて来い」って言って、俺の（給料やローンの）金額もぜんぶ教えて（女性が）「でーじょ［すごいねえ］」って。ついてこらしたものの、うまくいかず、離婚さしただけの最悪な人になっちゃいました（笑）。ぼろくそ言われたのに。「この三名（の子ども）どうするの」って。

――そりゃそうだろ。

勝也　俺に言われても知らないよ。あんたが「ついて来い」って言うからじゃん（って言ってきた）。いやいや、「最終的には、ついてきたのおまえじゃん」（って言った）。「じゃあ、おまえ、俺がウンコ食えって言ったら食うの」（って言い返した）。（いつか）殺されるぞ、刺されるぞ、おまえ。

勝也　でもそうでしょ、最終的に決めるのは自分でしょ。

――慰謝料的なものもゼロ？

勝也　だって、結婚もしてないからね。

――それは相当ひどいな。

勝也　俺だけが悪くて別れるわけじゃないし。（キャバクラに）めっちゃ通ったよ。めっちゃ口説いたよ。めっちゃ通ったよ。

――いくつの娘？

勝也　その女の子は同級生で、一回ばれてから。

――旦那に？

勝也　うん、「どういうこと」って？（おれは旦那に対して）「どういうことじゃなくて、おれも本気ですから」（って言った）。

――またいつもの展開だ（笑）。

勝也　「本気だからじゃなくて、俺たちの家庭、壊さないでくれる」って（言われたから）、「そうやって言うけど、あなたのものに手を出したのは悪いけど、（彼女を）粗末にしたことはないよ」って（伝えた）。それで話は終わったんだけど。「（嫁に）近づかないで」って言われて。「けど（嫁に）キャバクラやらせるくらいの収入しかないおまえが悪いじゃん」って（伝えて）、「俺は行くよ、キャバクラに。外では会わないよ。でもキャバクラでは会うよ」って（言った）。「それは俺の勝手でしょ」って。普通にそれで。

――男は何の仕事してたの？

勝也　車の営業してた。

勝也にとってキャバクラは、女性と出会う場だった。「キャバクラでキャバ嬢に手を出して、なにが悪い」「何のためにキャバクラに行く？」「それが嫌なら、男が稼いで家において守れよ。俺なら、そうする」と言い放ったことからもわかるように、勝也にとってキャバクラは、ある女性をめぐって男同士が争奪戦を繰り広げるアリーナだった。狙った女性を振り向かせるために、彼は自身の稼ぎをアピールし、相手の男から非難されると、稼げずに女性を守れないのが悪いと相手をこき下ろした。

## 5 地元のしーじゃとうっとぅ

勝也の地元であるK地区では、中学を卒業した若者の多くが、地元の先輩たちに雇われる形で打ち子をしていた。

K地区には地元中学の卒業生を母体とする暴走族があったが、第二章のT地区や第三章の洋介のグループのように、共同のバイク倉庫を兼ねたアジトは持っていなかった。このため、集合場所はコンビニの駐車場やファストフード店など、日によって変わった。

――二人は同級？

友一　いいえ、違います。

――どっちが上なんですか？

勝也　友一さん。

友一　（自分が）一コ上です。

――（勝也は）生意気ですけどね。なんか筋通ってますよねえ、こいつ。

勝也　俺、こんなして生意気だけど、たとえば、あれだよなあ、たとえば俺の知らないしーじゃ［先輩］の前で友一の知り合いで（そこに自身もいる状況）だったら、ちゃんとする。なあ、意味わかる？　それ（いくら友一と仲が良くても、面識のないしーじゃがいるときに、友一になれなれしい口をきくこと）は、友一がうしえられるさ［なめられるさ］。そして俺も、うしえられるばあよ、あにひゃー［あいつ］、しーじゃ［年上との接し方］わからんばーって。そんなのが俺、嫌だから（そういうときは）ちゃんとする。

このやり取りからもわかるように、勝也も建設業の若者と同じように、しーじゃとうっとぅ［後輩］という上下関係を、とても気にかけていた。しかも、建設業の若者とちがって、地元を離れてもこうした関係性は維持される。実際、勝也はほかの地区のしーじゃと接するときに、自分が先輩―後輩のつき合い方をわきまえていることを示そうとした。

K地区では仕事にしろ遊びにしろ、地元つながりだけでは完結していなかった。メンバー間のルールも、必ずしも明確に共有されてはいない。たとえば、以下に登場するジョーはマナブと同じK地区の若者だが、繁華街でのトラブルについて、マナブと異なる考えを持っていた。

マナブ　中の町でケンカ売ってくるやつがいたんですよ。「（殴ったら）じん［金］とるからよ」って、（俺に先に殴らせようとして）顔（を）出してくるんですけど。その時点でケンカする気ないじゃないですか。

ジョー　そんなの、くるせば［殴れば］いいやし。俺だったら絶対やってるな。

マナブ　パンチ一発、一〇万ですよ。

ジョー　そんなの払わんでいい。

マナブは、繁華街で先に手を出すとどうなるのか、一定の見通しを持っていた。繁華街での暴力トラブルを経験した先輩から、そのときの一部始終を聞かせてもらっていた。他方でジョーは、金を取られそうになったら、殴った上で逃げきると言い張った。それがどんな結果をもたらすかを教えてくれる先輩が、ジョーにはいなかった。このように同じ地区のメンバーでも行動基準にはバラツキがあった。

トラブルを避ける上で役に立つ経験知が、世代間でどれだけ継承されているかを、地元に建設会社のあるT地区と比べてみると、K地区ではせいぜい三、四歳の幅でしか共有されていないのに、T地区では一〇歳ほど下の後輩にも継承されていた。

勝也　でも俺がよ、一番認めたいっていうか、すごいと思うタイプ、自分を見てるやつっていうのわかる？　昔の自分を見てるようなやつっていうの、わかる？

――うん。

勝也　おれ、凜々花（勝也の当時の彼女）が、〇〇先輩（勝也の地元の先輩）いるやし［いるだろ］、わったー［おれたち］、四つ（年）上のあの人たちって、わー［俺］からしたらしに［とっても］怖い存在やし。四つ上とか。でも凜々花が〇〇先輩と浮気しよったばーよ。

――おー。

勝也　浮気っていうか、しかされて［ナンパされて］から、「ホテルまで行ったけど、やってない」って二人言ってるけど、一応。そんなのは知らんさ、そんなのは二人しかわからないことさ。

――うん。

勝也　わー［俺］が、いったー［そいつ＝先輩］の家まで、気合い入れてから（向かって）。このとき、わー［俺］も（中学を）卒業したばっかりで一五、一六だばあよ。普通に（先輩は）しに怖い存在だばーて、今でも、だけど俺は、（先輩の）家まで行った。

――それで、先輩にせまったば？

勝也　うん、「なにやってるんですか？」（って言って）、「地元の（後輩の）、しかも俺の彼女ってわかってた」って言うばーよ、[36]凜々花が、「（ホテルで先輩に、おまえ）勝也の彼女だろ」って言われたよって。

――うん。

勝也　「はっ、なにやー［おまえ］、（俺の彼女って知ってて）遊んだばー」みたいな、（その先輩は）「うん」みたいな、「なにやってるんですか」って、地元のしーじゃとして（なにやってるんですか）。そしたら、このしーじゃ、また全部女のせいにしよったばーよ。

――うん。

勝也　うん、「やったー［おまえの］いなぐ［彼女］が悪いんだよ」みたいな。それは確かにそうかもしれんけど、それを俺に言うのが、俺からしたら、あーもうこの人、地元のしーじゃとして見れないなと思った。

この一件があってから、もはやその先輩は、尊敬し従う「地元のしーじゃ」ではなくなったという。その先輩が、地元の後輩の彼女に手を出したあげく、彼女のせいにした時点で、今後一〇年以上にわたって勝也らK地区の後輩たちの上に立つ器ではないと見切られていた。

K地区には、地元のヤンキーたちの核となる建設会社が存在せず、かれらが二十歳になるころには、ほとんどのメンバーがちりぢりになっていた。

打ち子として「使い捨てられ」、金融屋で会社のお金を「さわって（横領して）飛んだり（逃亡したり）」、建設業を転々としたり、震災後の福島での仮設住宅の設営に従事したりと、その軌跡は一様ではなかった。中には、シャブ中で刑務所に収監された者もいた。それでも、誰がどこで何をしているのかは、人づてに耳に入ってきているようだった。

## 6　キセツとヤミ仕事

勝也たちの世代は、先輩たちよりも過酷な仕事に就いていた。

36――勝也がこの先輩と同じ状況なら、こんな答え方はしないだろう。後輩から詰問されたなら、知らなかったことにして、「こんないい女と出会えたら、男ならみんな手を出すよ」と答える様子が目に浮かぶ。

K地区の中学を卒業した若者の多くが、一〇代の頃にキセツで本土に向かった。本土へキセツに行くと、地方にある製造業の工場などに三カ月から六カ月ほど、住み込みで働く。仕事の内容は、一日中ステッカーを貼り続けたり、ディスプレイの動作確認の作業をしたりで、担当する作業は毎日のように変わった。

それは、本土で経験を積み、故郷の沖縄に錦を飾るような出稼ぎとは異なる働き方だった。復帰直後の出稼ぎの場合、ちょうど高度経済成長期が終盤にさしかかった頃で、景気もそう悪くなく、帰沖後の生活の見通しもある程度は持つことができた（谷　一九八九）。ところが、現在の沖縄の下層の若者の場合、キセツに行っても、技術を身につける機会も、人脈を培う機会も、ほとんど得られなかった。復帰直後の出稼ぎも、現在のキセツも、本土で帰ってくる者もきわめて稀だった。復帰直後の出稼ぎも、現在のキセツも、本土での一時的な就労という意味では同じだが、その条件や将来の見通しには大きな違いがある。

私の知る沖縄の若者たちは、どのような仕事に就き、どこで暮らすかが話題になると、「引き合う」とか「引き合わん」とか、よく口にした。それは、今の仕事内容、そのキツさ、賃金、リスク、そこで得られる技術・経験・人とのつながりや、近い将来に就くかもしれない仕事、生活の場から得られるものを突き合わせて検討し判断することを意味した。その選択肢が、将来の安定した暮らしにつながると思えたとき、彼らは時にリスクをいとわず、現在を犠牲にしてでも先へ進もうとする。

勝也の周りにいた知り合いのうち何人かは、将来の安定した生活を築くために、打ち子（パチンコ代打ち）や無認可スロット店での受付など、ヤミ仕事に手を出していた。出し子（オレオレ詐欺のATM出金代行）や金融屋（サラ金回収業）などの誘いを受けている者もいた。

マナブ　金融屋って、（顧客の）ブラックリストはどうせみんな（同業者）でまわすんで（差は出ない）、結局は後輩をいくら集められるかっすよ。個人で（金融屋を）立ち上げて、じん［お金］持たせれる（持ち逃げしない）後輩をいくら走らすかなんですよ。

……

勝也　ジョーは金融屋辞めたよ。組（暴力団）の金、さわって（着服して）、逃亡したって。

――やばいだろ？

勝也　俺の家にも、ジョーを探しに抜き打ちで関係者が来たよやー（笑）。まあ最終的に出頭して、棒で首をおさえられたって。

――それで済んだんか？

勝也　うん、くるされる［殴られる］ことはなかったみたいよ。今は会社に二〇〇万の借金作っている。返却（返済）のために、日々沖縄を走り回っている。金融屋はそれ（横領）でもしないと、引き合わんよやあ。

金融屋を続けていく上で重要なのは、顧客のブラックリストよりも、信頼できる後輩を集めることだった。「信頼できる後輩」といっても、それは地元のネットワークでがんじがらめにし、お金を持ち逃げできないようにした後輩のことだった。打ち子にしても金融屋にしても、思いどおりになる後輩がいないと、なにも始まらないのだった。以下に紹介する勝也とマナブの会話は、本土にいる先輩から、出し子の仕事をしないかとマナブに電話がかかってきた直後に交わされたものだ。

マナブ　（内地にいる先輩からの電話で）はい、わかりました。
（電話切る）
勝也　マナブ先輩、出し子やるんすか？
マナブ　ううん、わからん。
勝也　出し子、危ないっすよ。
マナブ　「内地で出し子しないか」って、電話来てるんだけど。
勝也　はいはい、やるんすか？　微妙じゃないっす？　リスクが高くないっす？

マナブ　時給とか、でーじ［とても］いいばーよ。
勝也　やばいっすよね。出し子したら、した［とっても給料が］ヤバいっすよね。
マナブ　電話のあれ（担当）で、もしお金取れたら、三〇万くらいあるってよ。
――マジでよ？
勝也　でもあれみたいですよ。俺なんかしーじゃ［先輩］ばんない［たくさん］いたんですよ。マナブ先輩。やってるの、内地で。俺なんか、しーじゃ（が）成功してから帰ってきてるんですよ、詐欺で。やっぱり、まわりもみんな捕まるみたいなんですよ。やっぱり、あれって言ってました、「人間、欲が出てくる」って。これ、まわりの奴らとか、余裕で億とか貯めたの（人）いたらしいんですよ。それでも、「こんなに稼げたら、もっといけるだろ、もっといけるだろ」って。みんなそれで、このしーじゃが行ってたときが、ちょうどオレオレ詐欺がはやってた時期なんですよ。こんなので、しに［とても］みんな欲出して、みんな捕まってる。
……
勝也　出し子で捕まらないってことないんじゃないです？
マナブ　出し子は捕まるだろ。
勝也　捕まる覚悟で稼いで、っすよね。
マナブ　うん。

――　顔、撮られるから？

マナブ　顔、撮られるっていうより、違う、なんかこの、もしこれが盗難届出してるカード（をATMで）出したら、カード入れた瞬間、パッて閉まるとこがあるやし。

勝也　マジっすか？

マナブ　うん。これで俺たち同級生二人くらい捕まってるばあよ。電話番は、一応、後から捕まることはないって。探知はされないし。探知されたら、他のみー［場所］に行くって。

勝也　はあ、内地です？　やめた方がよくないすか。

これまでマナブは何度か補導されたことがあり、捕まる覚悟で出し子になることを考えていた。その稼ぎで、比較的安全[37]とされるセクキャバの開業資金を用意するつもりだった。それに対して勝也は、身近な先輩の経験を参考にしながら、それは危険だと伝えようとしていた。

結果的にマナブは、出し子の仕事を思いとどまった。まとまった資金を手に入れるために、彼は漁船に乗ることにしたのだった。

勝也　漁師、しに［とても］儲かるって。

マナブ　カジキで、わー［俺］、一カ月、行ったばあて。漁師、しに羽振りいいぜ。

勝也　やばいっすか。

マナブ　やばいぜ。

勝也　先輩たち、お金なくなったら、漁に出るばーよ。

マナブ　一カ月に七〇〇万以上だよ。

――船酔いとかない？

マナブ　うん、けど、（一緒に船に乗った）ないちゃー［本土の人］が、しに［とても］、うしえてるばあよ［生意気なんだよ］、これが。「おめーは俺の下で働いてるのに、誰に口きいとんじゃあ」って（言ってきて）。イライラしてから、（俺が）殴ってからよ。朝から起きたら、朝四時半くらいに網出して、それが終わるのがお昼前、普通に（網を）流すんだよ、これで一時間眠って、仕事終わるのが（深夜の）一時、二時とか。とりあえず、しに眠たかった、やっさー。

――いろんな仕事やってんなあ。そいつ殴ってからどうなった？

マナブ　（相手が）マウントして、上のって（きて）、「おまえこっちで黙って仕事する

37――セクキャバが「比較的安全」なのは、出し子のように違法性の高い仕事ではなく、また複数種がある風俗店のなかで、まだ安定した経営が見込めるからである。

か、こっちから降りるか（海に落とされるか）、どっちかにしれ」って言われたから、「黙って仕事する」って言ってから。（船内が）狭いわけよ、眠るとき、二段ベッドみたいになってるばあよ、床よ。「もういいよ、休んどけ」って言われて、初めて悔しくて泣いた（笑）。

勝也　（笑）。

マナブ　初めて、絶対、沖縄帰って、陸着いたら殺すしか思わんから、やしがよ「だけどよ」、わー「俺」も何発か殴ってるから、あんまり眠れんばーよ。頭おかしいばーよ、こいつ。ちょっとしたことで、しにありえんぐらいブチぎれるばあよ、で、こいつ頭悪いから、眠ったら、絶対こいつ（に）刺されるやっさーってか、どうせやられるなら、やられる前にやろうやっさー、そういう考えで、いつ殺そうかな、いつ殺そうかなって。それからは（離れた）リフトで寝てから、一言、なんか俺が間違えるやし、しにぶちぎれるばーよ。そんで、俺、「はいはい」（と受け流）して、でーじうしえてた「とっても生意気だった」やっさー。もうストレスしかないから、頭禿《は》げないかなあって、思ったよ。

勝也　（笑）。

マナブ　まじでよ。

勝也　海、出てるからきついっすね。

マナブ　電波もないしよ。髪抜けそうだばーよ。
——全部で何人ぐらいいるば？
マナブ　二人。ちっちゃいってば、（そいつがかける）音楽もうるさくて、ひと月だよ、雨に打たれながら、毎日だよ。
勝也　（笑）。
——うわー、よー頑張ったなあ。沖縄帰ってきて、くるしたの［殴ったの］？
マナブ　うん。
——ちゃーくるしー［袋叩き］？
マナブ　うん、（頭が）真っ白。初めてあんなにばっきれた、初めて。陸着いた瞬間よ、どうでもいいやっさーって、思ったばーよ、（家に）帰りたかったから。海に行く前に、二週間、○○（沖縄南部）まで毎日通って、（漁の）しかけ作るの準備して、「この時点で給料、発生してるからよ」みたいに言ってるばーよ。そのときはこういう人間ってわからんからよ、で、「はーい」みたいな。「海に出たら、（給料を）つけるからみたいな、（いいときは）五〇万はあるし、最低でも三〇万はあるさ」みたいに言ってたのに、渡されたのが一四万くらいで。
勝也　（笑）。
マナブ　気づいたらよ、（そいつは）海にいたやっさー、こいつよ、あとからわー

［俺］に「慰謝料払え」とか言ってるばーよ、腕折れて、足折れて。

**勝也**　（笑）。

**マナブ**　「脇腹も折れてるから」って。

——ほんとに折った？

**マナブ**　わからん、覚えてないもう、何したか。初めて、ノイローゼ、一カ月おんなじジャージ（を着て過ごして）、初めてだよ、あんなの、一月の（時期に）。

——くるして［殴って］から、警察沙汰にはならんかった？

**マナブ**　うん。「やー［おまえ］、俺に慰謝料とか何とか言ってるけど、やー、給料も払わずにわかるよなあ」って、そしてから、こいつがとりあえず、「いいよ」みたいになって、あんまり話したら、またくるしたくなるから、「もいいよ」ってから帰った。

——一四万？

**マナブ**　確実に、七五〇万以上はあるわけよ、どんだけケチだからよ。しに［すごく］舐めてるぜ。（思い出して）イライラしてきた（笑）。

マナブのこの経験は、現代の「蟹工船《かにこうせん》」だった。漁船から帰ってきたマナブは、まとまったお金を稼ぐために、今度は本土での建築の仕事に就いた。

マナブ　（本土のいばってるやつは）わー［俺］には何も言わんばーよ、昔あびられた［激しく怒られた］からよ、（そのときに）反抗的な態度とったばーよ。

――うん。

マナブ　そしたら、しに文句言われたばーよ。「なんか文句あるんだったら言ってこい」って言うから、（俺は）文句言ったばーよ。「殴るんだったら殴れー」とか、「（おまえがやったら）殴り返すからな、正当防衛だからな」って、ちゃー言いした［言いまくった］ばーよ、そしたらこいつ、何もしなくなって、わー［俺］に。

――へー。

マナブ　（そしたら、自分の代わりに）うすまさ［とってもしつこく］□□（沖縄から一緒に行った知り合い）にうすまさよ［とてもしつこく嫌がらせを始めて］。あと一人いるばーよ、○○（他の地元）のしーじゃ［先輩］よ。しに一応、（ケンカは）弱そうだばーよ。

――うん。

マナブ　このしーじゃよ、うけるばーよ［笑っちゃうのよ］。これとか、一番ちむい［かわいそう］。タワーの上にいたばーよ、わったー［俺たち］よ。「（ないちゃーに）□□（名前）、下からハンマー持ってこい」って言われて、上にあがってきたばっかりだよ。今度は「ハンマー取りに行け」って、また上がってくるやし、「□□（名前）、今度は七〇のスパナー持ってこい」って、一個ずつ（たのむの）よ。
勝也　（笑）、しにうしえてる［めっちゃ調子乗ってる］。
マナブ　それが、永遠に、しにいじめっ子だばーよ、しに性格腐ってるばーよ。

マナブは、納得できなければ、どこでも誰に対してでも立ち向かう姿勢を崩さず、それによって身を守ることができたが、一緒に本土に向かったメンバーは、仕事先で厳しい扱いを受けた。
マナブにしても、何度も困難に直面し、その都度、なんとか乗り越えてきた。マナブは自らのそうした体験を、勝也に語って聞かせた。やがて二人は、沖縄で暮らしていくのは容易なことではないと語り出した。

マナブ　（沖縄の仕事は）給料高くないよ。沖縄なのに。
勝也　知れてるよ沖縄なんて、なにもかも。まなぶにー［アニキ］、そうっすよね？
マナブ　終わってるぜ。どぅー［おまえ自身］が一番トップに立たんと、なにもできん。
勝也　うん。
マナブ　お金がまわってこないからな。

勝也　はい。
マナブ　いつまでも下の人間だったら、人の下のまま。

勝也とマナブは、これまでの就労経験で、沖縄では自らトップに成り上がらないかぎり、何もできないことを思い知った。内地で舐められないよう気を張って働くか、沖縄で違法性の高い仕事を含めて何をしてでも上に立つことをめざして働くか。彼らには、そのいずれかしか選択肢はなかった。

## 7　鳶を辞め、内地へ

勝也は、いつもつるんでいたマナブの体験談や、地元の先輩たちの動向をもとに自身の職業観を固め、自分なりの将来像を抱くようになった。

勝也　将来的には（鳶で）独立したい。理想は鳶の親父（社長）しながら、裏の仕事（キャバ、サラ金）したい。金融屋（サラ金回収業）は、いつか自分で独立できるやんに。けどキセツとか打ち子（パチンコ代打ち）は将来ないだろ。若いときにそんなしても、人生になんのプラスにもならんよ。

一〇代の頃の勝也は、鳶の仕事を覚えることに夢中だった。社長からも、その働きぶりを認められ、独立するように勧められ、彼もその気でいた。

勝也にとって仕事をするうえで大事なのは、仕事がキツくないとか給料が多いとかではなく、その仕事でトップに立てるかどうかだった。鳶の仕事に就いたのも、建設業のなかでは独立できる見込みが高かったからだ。だから、得るものが少なく、いずれ使い捨てにされる打ち子には見向きもしなかった。そして勝也は、六年近く務めた鳶の仕事を二〇一五年にやめて、内地に向かった。これまで続けてきた鳶とはちがう仕事に就くのはリスクがあったが、「自分のブランドとか出す」ためには、このままではどうにもならないと考えた。

打ち子になった地元の先輩や同級生は、パチンコやスロット店の賞金を横領して先輩に「かめられる［捜索される］」か、転職するか、消息不明となった。勝也にとって打ち子は、「危ないこと」だった。

地元の先輩や同級生の多くは生活の場や職場がなかなか定まらず、転々としていた。だが、勝也が内地へ向かったのは、そうしたケースとは違った。鳶をしていたときの勝也は、「危ないことせずにこれだけ稼ぐ奴いるか」と誇らしげに話していた。当時の勝也は月に三〇万近く稼いだ。土曜の夜には、そうして稼いだお金でキャバクラへ通うというのが、その頃の彼の生活だった。しかし、彼はその生活にも限界を感じ始めていた。
マナブが本土に行ったのは、勝也がまだ鳶の仕事をしていた頃だった。やがて勝也は、地元のゲームセンターで働いていたわたるとつるむようになった。わたるは格闘技の経験がある体格のいい後輩だった。

わたる　自分は（格闘技の）トレーニングをしているので、絶対に試合以外で拳は使わないって決めてます。中の町とかでも、ケンカ、売られることはあるんですけど、俺、格闘技してるから、ナイフもってるようなもんなんで、絶対に相手にしないっす。そんなことしても、自分（の評判を）さげるだけなんで。俺が勝負するとこはリングだけです。

勝也に似てわたるは、自分なりの流儀に強いこだわりがあった。ほどなくして二人は、一緒にキャバクラに通うようになった。寡黙《かもく》なわたると、陽気な勝也。対照的な二人は、いいコンビだった。
やがて、わたるは勝也が働く鳶の会社で仕事をするようになった。勝也の班に入ったわたるは仕事にもすぐ慣れ、わたると勝也の二人からなる勝也班は、人数が少ない割に多くの仕事をこなした。

そんなある日、半年ほどの泊まり込みの仕事が入った。現場は地元から八〇キロほど離れた北部だった。月曜から土曜まで泊まり込みで働き、その日の夜に地元に戻り、月曜朝に現場に戻るという生活が始まった。しばらくして、わたるが突然、「とんだ（消息不明となった）」。仕事も遊びも一緒だった相棒を、勝也は失った。同世代の地元の知り合いも、その頃にはすでに地元を離れていた。

**勝也**　ジョーは内地にいるはず。シャブ中、なっちゃったよ。

——　そっかー。

**勝也**　勇樹は、ペンキ屋（を）頑張ってる。わたるちんぽこも、とんだ。（北部に）出張してたわけさ。出張先から逃げよった。

そんなとき、鳶会社の親父（社長）から、「そろそろ勝也も独立を考えろ」と声をかけられた。彼もそうできればと考えていたが、同じ時期に、内地にいい仕事があるから一緒に行かないかと、地元の先輩から声をかけられた。ＩＴ関連の転売業で、それは法的にはグレーゾーンに属するものだった。

勝也　なんかこのまま一生、鳶で終わるのかと思ったら、そんなの嫌だと思って。鳶は先が見えた。鳶なんて、毎日同じことの繰り返しだろ。

勝也は迷った末に、その先輩のいた内地へ向かった。二〇一五年のことだ。わたるが消息不明になったことや、本人が言うように、いいタイミングで先輩から誘いを受けたことも、この転職には大きく影響したかもしれない。

けれど、勝也はすでに鳶の仕事で十分稼げるようになっていたし、行き詰まっていたわけでもない。鳶として独立する道も開かれようとしていた。なのになぜ、法的に「危ない」仕事に転職したのだろうか。

勝也　（危ない仕事に就くのは）区切り決めて、もうちょっと従業員入れたら（俺は）抜けれるから。ずっと、自分のブランドとか出すの夢だったから。

――　鳶の独立も、おもしろいよね。

勝也　夢がないだろ。仕事ができれば誰でも生きていける世界だろ。

――　それができんだろ。

勝也　だけどこの世界は、仕事ができるからって生きていける世界じゃないからな、ほんとに。鳶は六年やった。魅力はなかったんだよな。

――一生、鳶ってのが？
勝也　タイミングもあったし。（今の仕事の）社長は三つ上。
――地元の先輩？
勝也　うん。普通の人よりいい物つけて、いい車、乗って、いい物食べてってのが、俺たちの口癖なわけさ。社長はしに［とても］ケチなわけさ（笑）。
――へえ。
勝也　だけどおれはその辺も好きだから。プラス、ギャンブル絶対しないわけさ。それもいい。

勝也は、口説きにかかったキャバ嬢に彼氏がいてトラブルに発展することも少なくなかった。稼がない男に責任があるという勝也の考えは、そのまま自分に跳《は》ね返ってきた。「女をおとす」ためには、もっと稼ぐ必要があるし、「女との生活を守る」ためにもお金が必要だった。それは女性をめぐって、稼ぎの多寡を競い合う男同士の闘いだった。

かつてマナブは、沖縄で生き抜くには「どぅー［おまえ自身］が一番トップに立たんと、なにもできん」と、勝也に言った。「自分のブランド」を出し、「普通の人よりいい物つけて、いい車、乗って、いい物食べて」という暮らしを夢見て、勝也は鳶を辞め、内地に向かった。

鳶会社から独立することは、勝也が社長になるということだ。それは「トップに立」つことにほかならない。なのになぜ、勝也は独立への道を歩もうとしなかったのか。

鳶の会社を自分で始めるということは、若い従業員をやとって、一人前になるまで育て上げなくてはいけないということだ。勝也はそのことに魅力を感じなかった。鳶として独立するなら、わたるも一緒にと考えていただろう。わたるが突然、「とんだ」ことも、勝也にとって内地に向かうきっかけとなった。

「どぅー［おまえ自身］が一番トップに立たんと、なにもできん」と、マナブは言った。沖縄で鳶会社の社長となるには時間をかけて若手を育てる必要がある。勝也にとってそのトップは「（たかが）知れてる」と思うようになった。また暮らしを変えるほどの「一番トップ」というポジションは、もはや沖縄では得られそうになかった。

第五章

# アジトの仲間、そして家族

## 1　家出からアジトへ——良夫の生活史

ここに紹介するのは、二〇代前半の良夫の、ここ一〇年の歩みである。

二〇〇七年頃、彼はT地区の暴走族メンバーとつるんでいた。T地区には、地元の暴走族のバイクを収納する倉庫があった。倉庫はアジトと呼ばれ、毎晩、彼らのたまり場になっていた。良夫は隣町の出身だったが、宮城や健二の紹介でアジトに出入りするようになった。良夫たちにとってこのアジトはとても大事な場所だった。このアジトにたどり着くまで、良夫はどのような時間を過ごしてきたのだろうか。

——（良夫が）悪さしたときには、おとんとおかんはどっちが怖かった？

**良夫**　お父さんには、毎日殴られていたから。ベルトとかでも、小学校のときに。友だちが一回、倉庫荒らし[38]をして、小学校のとき。警察に連れて行かれて、交番で一日ひざまずき［正座］とかさせられて、親が引き取りに来ないから。

——親父は怒って。

**良夫**　もうベルトで、友だちの前で（俺を）殴って、俺なんか、友だちも（俺の）お父さんに殴られている。

上間　今はお父さんとも話する？

良夫　仲いいですよ。今は、一緒に酒飲むくらいだから。

良夫の父親は体格がしっかりしていて、道路工事の作業員をしていた。今でこそ一緒にお酒を飲む関係だが、彼を厳しく叱りつけることもあった。そのため、父親がキレたときや、キレそうなことを自分がしてしまったときは、一目散に逃げるようになった。母親は、夜は飲み屋で働き、昼間はビルの清掃員として働いていた。両親と姉二人、そして良夫の五人家族だった。

良夫　自分がずっと悪いことをしているときに、ねえねえ［次女］の世代が三つ上なんですよ。入れ替わりで（自分が入学して）、先輩なんかに、俺が悪いことしたら（その先輩たちは次女にしめられているから）「死なすよ」[39]って。先輩とかにも何回も死なされて。それで、家出して、一年くらい家に帰らなかったんですよ。

38――流通業や小売店の倉庫に、深夜の間に忍び込んで物品を盗むこと。

39――「死なす」とは、文字通りの意味は「殺す」だが、彼らの日常会話のなかでは「痛い目に遭わせる」といった意味で用いられる。

上間　どんなしてたの？
良夫　空き家とかに住んでいた。電気もつけて。
——すごいね、それ。
良夫　この先輩が、もう頭がよかったんです。電気とか知っていて、夜になったらつけて、朝になったら外して、で、一応、おもしろかったんですよ。
——おもしろかったんだろうけど、きつかったろう。飯とか、どうしてたの？
良夫　スーパーで、万引きとか。
——空き家に住んでいたのは何人？
良夫　四名、先輩と俺なんか友だち三名。自分と同級生の二人が家出していて。
——完璧な家出？
良夫　一年くらい帰ってなくて……。最後、親が警察（に相談して）、空き家に来てるってばれて、最後は。（家には）ちょくちょく帰ってましたよ、服取りに帰ったり。だから、たぶん親は知っているんですよ、帰ってきているの。
上間　家は何で嫌だったの？
良夫　遊びたかった。
……
上間　学校は行ってなかった？

良夫　行ってたんですけど、（小学）四年くらいのときに、要は、学校に行かないということで、変な教室（特別支援学級）に入れられて、ばかが行く、ばかが行くっていうか、なんか学級があるんっすよ。友だちと二人、先輩と（その教室に）入れられて、逆にこんなことやられたら、頭にくるじゃないですか。だから、これから行かんってなって。

―― 同級生の教室には、行っちゃいけないって感じがあったんだ？

良夫　教室に入るなみたいな（雰囲気を）、（他の）生徒が（出してて）。これから行かなくなった。

学校では先輩たちから厳しい仕打ちを受けた。普通教室に行けなくなってからは、徐々に学校から遠ざかっていった。その後、彼は万引きなどを繰り返し、鑑別所や少年院で過ごすことが増えた。

良夫　中学校も卒業証書もらってないですよ。もらえなかった。最後に、卒業してから、取りに来いって言われて、要は、（卒業式の日に）小麦粉（を友人同士でかけあったこと）で捕まったんですよ。小麦粉やって捕まって。最後に、こんな変な小麦粉かけして（ってことで怒られて）。みんな、最後だからって、やるじゃないですか、それで捕まって、できなくて、最後、（卒業証書を）取りに来いって言われて、一六（歳）くらいのとき、取りに行ったんですよ。（そしたら、卒業した後なのに、中学の）制服はいて［着て］から来いって言われて。卒業した後に言われたから、じゃあ、いらないいかなって。

上間　なんの先生が一番むかついた？

良夫　覚えていない、先生の顔すら、覚えていない。

……

良夫　少年院は一八歳から二〇くらい。これは一回。鑑別は四回。

――　きつかったろう？

良夫　おもしろかったっすよ、若かったから。今だったら、まぁ、いい経験かなって（思います）。ここでたぶん、友だちが増えたんすよ。南部の友だちともつながって、今でもつながって。

……

良夫　いまは、もうぜんぜん実家、好きですよ。

上間　なんでだろう、いつからかな？

良夫　少年院、出てきてかな。実は、お母さんが、一回、かわいそうと思ったんですよ。中学校の頃、何十万ってあるんじゃないですか。修学旅行とかの（費用）、これを三回使ったんですよ。学校に持っていく（お金を無断で）。
打越・上間　（笑）。
良夫　最後に給食費とかって盗んで、全生徒の。友だちと、一年から三年まで全部盗んで、これで、親がかわいそうだなと思って。（あとから母親が）全部払っているじゃないですか。親が、もう全部、弁償になるから、全部、弁償しているから、これから、もう変わろうかなって。
――かわいそうだなって思ったのは何歳の頃？
良夫　遅いですよ、二十歳ぐらいの頃、へへへ。
上間　（お母さんと）話する？　そのときのこと。
良夫　今でも、お母さん、話しますよ。変わったねって。
良夫　オートバイとかも盗んで、全部弁償だったんですよ、少年院に行ったときが、暴走と、無免許と、窃盗と、五個くらい重なって、最後に逃げていたのが、二年くらい逃げていたのが、最後に。それで少年院にも毎日っていうくらい、面会に来てくれたんですよ。本当に、一年と八カ月、本当は一年と六カ月なんだけど、（少年

40――ヤンキーの生徒が中心となり、小麦粉を互いにぶっかけて、真っ白になった状態で記念撮影をするというのが、沖縄の中学校での卒業式の風物詩となっていた。

院で）また悪いことしてしまって、人を殴ってしまって、延びて。一年八カ月、日曜以外一日も欠かさず来てくれて。これで、もう相当、愛してくれているんだなと思って、これからはもう、なにもやらない（と思い直しました）。ふふふ、でもまた、少年院から出てきて、すぐ捕まったんですけど……。

中学を卒業して、よりどころのない彼がたどり着いたのが、T地区のアジトだった。彼は先輩から可愛がられて、同世代の宮城やアッキたちと、内地のキセツに向かった。良夫にとってバイク倉庫は、先輩や同世代の若者とつながることができ、仕事の情報も得られる大事な場所だった。

**良夫**　要は、こんないたずら（のタトゥー）とか入っていたら、いけないとか、一回、（製造業大手の）〇〇（の生産ラインの仕事で内地に）行ったんっすよ。〇〇、受かったんですけど、あっちに行って健康診断のときに、洋服脱いでって言って、大丈夫って言って、洋服全部脱いで、（俺の体に）刺青入っているから。このとき、三名で行って、三名刺青入っていたんですよ。で、（会社の担当者に）「ちょっと（ここで働くことは）無理ですね」って言われて、で、「俺なんか、どんなやって帰るの」って（聞いたら）、「じゃあ、普通は出さないけど、持ってないなら（交通費を）支給するから」って、「今回はすいません」って（言われて、帰されました）。でも、いい旅行になったかなってから。あっちにも（旅費を）出してもらって（笑）。

アジトの仲間とともに良夫が向かったキセツ先の会社は、彼らの間では好条件で有名な会社だった。しかし彼の背中には、びっしりと般若《はんにゃ》の筋彫《すじぼ》りが入っていた。それを理由に彼らは追い返された。帰ってきてからも、アジトの仲間である宮城やアツキと、何度もキセツに行った。

その頃、六年くらい交際していた彼女との間に子どもができ、籍を入れた。交際していた六年間は、学校には行かず、アジトに顔を出しながらキセツに行っていた。先輩や気の合う仲間とのつき合いが生活の中心で、それが仕事につながった。良夫の仲間たちはまだ落ち着く気はなく、彼は籍を入れた後も、そんな彼らとつき合いを続けた。

**良夫**　ずっと浮気してても、（奥さんは）なにも言わなかったんですよ。浮気っていうか、「つき合いは大事だからよ」って、ずっと言っていたから。「男はつき合いが大事だからよ」って。自分も遊びたいっていうのがあったから、（籍入れて）三年くらい一緒にいて。で、（奥さんが）爆発して、離婚ってなって。

良夫は二三歳のときに離婚した。その頃、アジトでつるんでいた仲間の多くは、建築の仕事に就いていた。アジトに集まってくるメンバーも、自分より下の世代になっていた。そして彼は、繁華街のボーイとして働き始めた。三年間、下積みを重ね、ようやく独立して自分の店を持つチャンスがめぐってきた。

――（キャバクラの）オーナーになるって一大決心じゃん。最後の決め手みたいのがあったん？

良夫　最初は、どうしようかなっていうのがずっとあったんですけど、でも、一応、まわりに、「おまえだったら絶対できるから、やれ」って言われたんですよ。で、自分なんかのお姉ちゃんも飲み屋やっている（キャバクラ嬢として働いている）から、長いから、「おまえだったら（できる）」（って言われました）。（姉は）○○（繁華街）にいるんですよ、「おまえだったら絶対できるから。もし、やばくなったら、助けるから」って、「一回やってみ」って、次女に（言われて）。（姉は）お客さん連れて、お金落とすって連れてきたり、本当に固定客いっぱいつかまえているから。

上間　上手なんだね。なんだろうね、上手さ。

良夫　□□[41]のボスとかもつかまえているし、なんか、お金もっている人、つかまえているからね。

上間　しゃべりがめっちゃうまいんだね。
良夫　ゆんたくー［おしゃべり］。でーじ［とても］、ゆんたく、女だけど、もう、本当にぐれていたから（笑）。

二〇一二年、良夫はキャバクラ店の経営に踏み切った。T地区のメンバーとともに良夫のキャバクラ店に行くと、女の子の「付け回し」[42]や裏方として走りまわっていた。キャバクラ店がひしめき合うビルに出店し、同業者との間でも、女性スタッフのスケジュール調整をしていた。[43]

41――県内の医療福祉系企業の管理職のこと。
42――キャバクラ店で、ボーイがキャバクラ嬢の座席配置を調整すること。お客の好みや世代などによって、どの女性スタッフに接客させるかを決めたり、雰囲気が悪くなっているテーブルの女性スタッフを変えたりする。ボーイの「付け回し」の力量によって、女性スタッフの仕事上の負担は大きく異なってくる。
43――週末であればお客の数や客層はある程度は読めるが、平日の場合は店を開けてみないとわからない。客が少ないときは女性スタッフの多くを夜の二時、三時であがらせ、他店から要望のあった残りの女性スタッフを送り出して店を閉める。若い客が大勢で来たときには隣の店舗から、ノリのいい女性スタッフに来てもらう。このように数店舗で協同経営のような形でやりくりしていた。

上間　今までの人生って結構、波瀾万丈《はらんばんじょう》だけど、なんか、これがすごい大変だった、乗り切るのが大変だったたっていうのは？

良夫　なんすかね……。夜の仕事、これが、一番、もう任されているから、いまオーナーで、ちょっとラクしているというのもあるんですけど、任されている、もうやっぱり、女の子の給料もつくらないといけないし、こんな赤字うったら、自腹もしていた。自分で払って、女の子の生活もあるから、やっぱ、子どももいる子もいるから。

……

良夫　（知り合いに貸して）取れてないお金もいっぱいあるけど、今はもういいかなって、自分もいい思いさせてもらったから。

彼が開店したキャバクラは、数年たつと店の名前も店主も変わっていた。繁華街のキャバクラは開店、閉店を繰り返す。T地区のメンバーから、良夫は隣町のキャバクラでボーイとして働いているという噂を聞いた。隣町の繁華街に行くと、彼は路上で声をかけてくれた。雇うより雇われる方がよかったようだ。しばらくして、彼はその街からもいなくなった。

## 2 「自分、親いないんっすよ」――良哉の生活史

良哉は二〇代半ばの若者で、宮城や竜二たちとよくつるんでいた。彼は離婚を経験し、二〇一二年頃はキャバクラで働く彼女と同棲していた。ある夏の日、良哉と宮城、竜二、私の四人は、彼女が出勤している時間帯に、良哉のアパートでトランプをすることになった。ゲームをしながら、彼らの話を聞いた。

竜二　結婚はどのくらいしてた？
良哉　三年間、籍入れてました。
――　離婚の原因って何だったん？
良哉　奥さんにビンタをかましてたんで、それとか。
――　殴っちゃったんですか？
良哉　けど、軽くっすよ。
――　女性にもやっぱ手が出ますか。
竜二　手が出るときは出るでしょ。もっとひどい男もいるよ。

良哉と竜二は、同居する女性に手を上げることがあると言う。

竜二は、小学二年生の頃から学校で殴られてきた。学校だけでなく、地元の先輩や建設会社の従業員からも殴られてきた。そうした経験をもつ竜二は、建設現場では後輩を殴り、家では奥さんに手を上げた。

良哉も、幼い頃から殴られて育った。

私が良哉と知り合ったのは、ちょうど私が沖組で調査をすすめていたときだった。真夏のある日、沖組主催のビーチパーティがあった。私と良哉はその買い出しに出かけ、その車内で彼の話を聞いた。

――親とは同居?

良哉　自分、親いないんすよ。

――えっ、どういうこと?

良哉　おとー［父親］はあしばー［暴力団］、おかー［母親］はその愛人で、小学校まではー緒に住んでたんですけど。その後はおじーとおばーと住んでたけど、おじーが虐待するんで、家には帰らなくなりました。

おかーは、今のアパートを借りるときに保証人が必要で、親戚に番号を聞いて電話したら、「保証人、できない」って言われた。「それでも親か」って言ったら、

「親に向かってなに言うね」って言われて、今は親とは思ってないです。

友だちの家を転々としながら。施設と少年院でした。○○の青年会の人たちが生活の世話をしてくれたんです。飯も食わせてくれて。

……


――仕事は？

良哉　沖組とか。

――内地でキセツは？

良哉　北海道の石油タンク洗浄とか行きました。自分、地元の人間だけでつるむの嫌なんっすよ。だから（隣町の）沖組とかキセツ、行ってます。

……

――彼女さんとはどこで出会ったん？
良哉　自分みたいな、学校行ってないクソ人間は、飲み屋（キャバクラ）でしか女に会えんじゃないですか。
――飲み屋の女性とつき合うなんて、すごいじゃん。
良哉　そうっすか。今は飲み屋の女と住んで、そいつに家賃と食費を出させてます。掃除もするからいいですよ。そいつは彼女じゃないですよ。ってか、彼女はつくらないっす。昔のトゥジ［嫁］は、飲み屋で働く人じゃなかったんですけど、俺が働かせたら、そいつ、客の男と自分を比べるようになって、生意気なんで別れたっす。

……

——普段はなににハマってるん？

**良哉**　ギャンブルっすね。昔、ボウリングで一日、二四万とったこともあります。賭けると力が出るんですよ、俺。賭けてないときは（スコアが）一〇〇そこそこなんですけど。俺、今年の年末（二〇一二年）の一二月二三日でこの世が終わると思ってて、今を死ぬ気で楽しんでるんっすよ。格闘技もそれでやってます。

「親いないんっすよ」と言い放った良哉の半生は壮絶だった。祖父からも虐待を受け、施設で育った。そんななか、宮城に誘われT地区のアジトに通うようになり、やがて沖組で働くようになった。その頃、青年団の人たちが「飯を食わせて」くれたことを、彼ははっきりと覚えていた。その後も、住む場所や仕事を転々としながら、「今を死ぬ気で楽しん」できた。

彼は小さい頃から、その日どこで寝て、食べ物をどうするのか、自分で何とかしなければならなかった。同棲していた彼女には、その面倒を押し付けたのかもしれない。支配的な関係ではあったが、彼が築こうとした家族だった。その家族も長くは続かなかった。

ビーチパーティから約四カ月後の年末まで、そしてそれ以降も、彼は元気に暮らしていた。けれど、彼が今どこで誰といるのか、わからなくなった。

## 3　夜から昼へ――サキとエミの生活史

二〇〇七年、沖縄における暴走族やヤンキーの調査をはじめた私は、特定の少年らと談笑したり、行動をともにするようになっていった。少しずつ彼らに信用してもらえるようになり、メンバーの一員として認められるようになった。

やがて、パシリとして買い物などを任されるようになった。そんなある日、ある先輩から何人かの後輩に、コンビニの駐車場で暴走族見物をしている女の子たちに声をかけてくるよう指示が出された。それは後輩に課される「通過儀礼」の一つだった。後輩たちが行動に移せないでいると、今度は私が指名された。私は、あっさり無視されるだろうと思い、そうなったら、さっさと立ち去るつもりで声をかけた。

――　こんばんはー、バイク見に来たの？

サキ　うん。この前、浦添いたよね？

――　えっ、なんで知ってるの？　俺、毎日いるよ。あんとき、自分らもいたの？

サキ　うん、けどあの日（暴走族の盛り上がりが）いまいちだったよねえ。
――　えっ、すごかったじゃん。
サキ　台数も少なかったし、特攻（服）着てなかったでしょ。
――　まあ、けど（公道を）逆走してたよ。
サキ　そんなの普通だよ。

彼女たちは丁寧に応じてくれた。私のことは以前、何度か目にしたことがあるという。暴走族やヤンキーの若者たちに自分のことを覚えてもらうために、私はいつも同じジャンパーを着ていた。だから私が私服警官でも風俗業のスカウトでもないことはわかっていた。しかも、その夜そこには私の調査協力者であるサキと、エミの知り合いが来ていた。こうして、彼女たちへの調査が始まった。

当時私は、深夜のゴーパチ（国道五八号線）などでの暴走族の若者たちを調査するため、原付バイクに乗って彼らを追いかけていた。そのときの私のバイクの乗り方が初心者のようでおかしいといって、彼女たちは面白がっていた。

こうして始まった彼女たちへの調査は、毎年のように暴走族見物を一緒にしたり、旧盆のエイサーを見てまわったりと、長期間にわたった。[44]

＊

二〇〇七年、サキやエミたちは一〇代後半で、キャバクラで働いていた。そして深夜のゴーパチで、毎晩のように暴走族見物をしていた。

サキは沖縄県北部で生まれ育った。父親は自営業、母親はスーパーでパートをしていた。四人きょうだいの末っ子だった。一年に一度は家族で旅行に出かけたことを思い出として語ってくれた。中学のときにつき合った彼氏は四歳上の一八歳だったが、窃盗で捕まって少年院に送られてしまった。高校二年のとき、当時つき合っていた彼氏とのあいだに子どもができ、入籍した。出産後、しばらくしてキャバクラで働きはじめた。二人目の子どもを妊娠したときは、高校を一年間休学して出産・育児に専念し、四年かけて卒業した。私がサキに出会ったのは、その頃だった。ゴーパチに暴走族見物に来てい

44――サキとエミに関する生活史インタビューは、以下のとおり実施した。
・エミ（二〇一二年八月二〇日、ファミリーレストラン、聞き手：打越、上間）
・サキ（二〇一四年三月二七日、ファストフード店、聞き手：上間）
・エミ（同年九月一九日、タコス料理店、聞き手：上間）
二〇一四年の調査は、上間単独で行われた。打越によるデータの共有と使用に関しては、上間、そしてサキとエミから了解を得ている。この他に、二〇〇七年から継続している参与観察での彼女らとのやり取りも、データとして用いている。

表2　女の子グループのプロフィル

| 名前 | 年齢<br>(2007年時) | 出身 | 学歴 | 定位家族 |
|---|---|---|---|---|
| サキ | 18歳 | 沖縄県北部 | 高卒<br>（1年留年） | 父親（自営業）／母親（パート）／姉2人、兄 |
| エミ | 18歳 | 沖縄県南部<br>（H中） | 高卒 | 父親（無職）／母親（介護職）／兄、弟 |
| 真里 | 18歳 | 沖縄県中部 | 高卒 | 父親（公務員）／母親（事務）／弟 |
| ユウ | 18歳 | 沖縄県南部<br>（H中） | 中卒 | 祖母と二人暮らし |

たのだった。「いつか、結婚式あげたいな」と深夜のコンビニ駐車場でつぶやいたのを、私はいまも覚えている。

エミは沖縄県南部で生まれ育った。父親は無職で、母親は介護の仕事をしていた。父親はパチンコ店に入りびたりで、家では夫婦喧嘩が絶えなかった。中学生の頃は繁華街のストリートでギャルをしていた。エミは高校に進学すると、夜のゴーパチで暴走族見物を始めた。週に何日かはキャバクラで働いた。バイクが好きで、自分でバイクを買うほどだった。「将来は主婦しながら、レジ打ちで働きたい。けど、サンエーは嫌。かねひでが気楽でいい[45]」と話していた。

サキとエミの二人は同級生だったが、生まれ育った地元は異なる。このほか、中部出身でキセツ帰りの真里や、エミと同じ中学出身でキャバクラ嬢のユウなども、このグループに顔を出していた

（表2）。

当初、彼女たちは別々に暴走族見物をしていた。やがて、いつも同じ場所に来る何人かと顔なじみになり、エミが声をかけたりするうちに、一つのグループにまとまった。

彼女たちの活動は、暴走族見物にとどまらなかった。たとえばサキは彼氏のバイクの後ろに乗せてもらい、エミは自分で買ったバイクに乗ってツーリングに参加していた。

サキは二〇〇七年当時、妊娠七カ月（第二子）の女子高生だった。その頃のサキは、毎晩のようにゴーパチに来て暴走族見物をしていた。二年間つき合った彼氏とは一年前に入籍していた。

**サキ**　三時か四時までかな。

――だいたい何時までギャラリーしてんの？

**サキ**　旦那とケンカしてからに、家にいたらわじわじ［イライラ］するからよ。あいつ（旦那）はキャバクラに飲みに行ってるばーよ。しに［とても］むかつく。

――今日もギャラリー（見物）しにきたの？

45――サンエーもかねひでも、沖縄のスーパーマーケットである。かねひでの場合、高校生のバイトや主婦のパートが多く、サンエーでは大学生のバイトや正社員が多い。

――　遅いねー、大丈夫なの、お腹（の子ども）は？
サキ　たぶんよ。
――　それで、何時に起きるの？
サキ　昼かな、けどすごいんだよ、こんなでも毎朝、お弁当作ってるからね。

このときのサキは、夫のキャバクラ通いに苛立ち、ゴーパチに来ていると話していた。けれど、二〇一四年の聞き取りでは、妊娠中にゴーパチに通っていたのは、彼からの激しいDVがあったからだと打ち明けてくれた。

上間　殴る系？
サキ　殴ったりー、階段から落とされたりー。
上間　えーーーっ。
サキ　いちょ［一応］、ひどい。結構。馬乗りもされたし、首も締められたし。だから一応、トラウマはある。だから今の旦那とケンカしても、トラウマはある。この人、大丈夫かなぁ、殴ってこないかなぁ、みたいな。
上間　んんん。
サキ　結構ひどかったではある、あの人は。

上間　どんなやって逃げたの？　逃げたっていうのか。

サキ　いや、自分、一緒に住んでるときは、普通に、相手が酒飲んでて、ケンカ（に）なって殴り始めるんですよ。ケンカ（に）なったら絶対、酒飲んで（る）から。だから、ひどいときは警察呼んだりとか。

それでもサキは、彼をゆるした。

サキ　だからー、自分最初はー、子どももいるし、やっぱ（彼と暮らす家に）帰ろうっていうアレ（気持ち）があるんすよ。（DVを）やられてもー、ちょっとしたら帰る気になるんですよ。要は依存？　依存があるんですよ、多分、男のほうに。だから、依存して帰ってきたりはしてたんだけど、何かが吹っ切れてー。

上間　なんでだろうね。

サキ　なんでだろうねぇ。

上間　もういいって思ったときってのは、赤ちゃん連れてって殴られたとき？

サキ　そうーっすねー。それが大きいかも、一番は。なんでか内容は忘れたけど、なんかでケンカしてー、マジ馬乗りされて、隣に赤ちゃん寝てるのに、こんなされたらマジ嫌やっさーと思って、そっこー逃げたんすよ。でもう、これ離婚の原因っすね。子どもの前でやるくらいなら、自分一人で育てたほうがいいと思ってー。

サキは子どもとの生活を考えて、彼との生活をやり直そうとした。彼女がキャバクラに勤め始めたのは、彼とケンカをしたくなかったし、暴力を振るわれたくないからだった。だが、それだけではない。彼と別れたあとの生活基盤を確保するためにも、夫とは別の収入源が必要だった。キャバクラなら融通がきく。こうして稼いだお金は、へそくりに回していた。

サキが再びDVに遭ったのは、赤ちゃんが隣で寝ているときだった。このときサキは、二人目の子どもが生まれても夫は変わっていないことを思い知った。こうしてサキは、彼と離婚するにいたった。彼からの養育費は、数カ月で途絶えた。趣味の釣りやキャバクラ通いに注ぎ込んでしまったのだという。

その後、サキは、かねてから交流のあった暴走族の後輩とつき合い始めた。二〇〇九年にはその彼と、自分の子ども二人を含めた四人で暮らすようになった。「二回目の結婚は、慎重になる」というサキ。とくに男性の稼ぎとDVの可能性が気がかりだった。だから、簡単には籍を入れず、同棲生活は四年を超えた。

かつて彼が暴走行為をしたことで、警察から彼に出頭するよう連絡が入ったのは、二人が籍を入れる前のことだった。彼はサキに対し、自分の過去の行いを正直に話し、謝った。警察に出頭した彼は、自らの行為を包み隠さず供述し、二拘留（約二〇日）で、サキが待つ家に帰ってきた。それがきっかけとなり、彼は暴走族を引退し、鳶として働くことをサキに誓った。

こうして鳶の仕事を始めた彼に対して、サキは「最近は（仕事を）休まさん。休んだら一日、責め立てる。夜も飲みに行かせない」という態度で接した。

そして自らは、建設現場で弁当を売るパートを始めた。私が型枠解体業で参与観察をしていたとき、サキに「（私がやっていた）解体屋とか、セメン（ト）の枠、外すだけだろ。しかも、どうせ、おまえ（打越は）、Ｐコン（単純作業の一つ）だろ」とばかにされたことがある。実際、Ｐコンは単純作業で賃金も低く、新米のやる作業だと言われていた。じつはサキは、建設業のなかで型枠解体屋や鳶がどう評価されているのか、鳶の賃金の伸び率はどうか、独立の見込みはあるのか等を調べていて、この業界に詳しくなっていたのだった。

ある年のこと、サキと一緒に夏祭りに行ったとき、子育てをしながら働いていることを私が称賛すると、「えらいとかじゃないばーよ。子どもがいるのに働くのが当たり前だばーよ」と、軽く諭すような口調で言われたことがある。夫がしっかり働くように目を光らせ、自分では家事とパートをこなす日々。彼女は、彼との生活を築き上げようと懸命だった。二〇一三年にはその彼と入籍し、彼とのあいだに子どもをもうけた。

当時を振り返って、サキはこんな話をしてくれた。

サキ　家族がいるってことの幸せが今（二〇一四年）、わかりました。前の結婚のときは何もわからなかったけど、今はぜんぜん、家族ってこういうもんなんだーって、幸せ感がありますね。

……

サキ　やっぱ、旅行とか、旦那と二人で行きたいですね。
上間　（旅行が）好きなんだねー。
サキ　そうっすね。オートバイに乗れないから、趣味がなくなって、旅行いくのが楽しいっていうあれ（趣味）ができてしまって。一応、自分の親が旅行好きなんですよ。一年に一、二回は行くんですよ、東京とか大阪とか。
上間　へえー。
サキ　だから自分も結構行ってるんですよ、家族で。だから、あんなの見てるから。

旅行好きな両親の影響で、サキもよく家族で旅行に出かける。サキにとってそれが理想の家族のあり方だった。

サキが高二のときにつき合い始め、その後入籍した彼は、彼女に対して暴力をふるった。そんな日々に嫌気がさし、彼女は夜のゴーパチに足を運ぶようになった。やがて彼とは離婚し、生活を立て直す過程で、しばらく実家の両親と兄からサポートを得ることになる。このように、両親がサキを迎え入れてくれたこと、よく家族で「旅行に出かけ」たことが、サキにとって、あるべき家族像の指針となった。

今の夫との生活は、こうした家族像のもと、サキが精一杯がんばって築いたものだ。

＊

二〇〇七年、エミは女子高生だった。毎晩のようにゴーパチへと繰り出し、サキたちと暴走族見物をしていた。エミはなぜ、足しげくゴーパチに通っていたのだろうか。

エミ　バイク乗りの男がいいからよ（笑）。
――　彼氏がバイクに乗ってたの？
エミ　最近（彼氏との関係が）、終わったし（笑）。
――　そうなんだ。
エミ　まじめな男がいい。一途な男ね。
――　元彼はまじめじゃなかったの？
エミ　あーあ……、男は浮気すんだよ、結局（笑）。
……

エミ　私たち、ほんと男運ないよね。ユウなんて二コ上（二歳年上）の男とつき合って、（その男性とは）不倫だったんだよ。一年以上つき合ったけど、不倫だってばれてから別れてるし。

――エミは？

エミ　男が金（を）持ってく。

――いくらよ？

エミ　五万以上、持ってかれた。会うたび、持ってかれる。そのために呼び出されるみたいな。

――マジでよ？

エミ　けど、金よりデート・ドタキャン（直前に中止）はマジへこむ（本当につらい）。巻き髪して待ってたのにじらあ［みたいな］（笑）。

……

ユウ　そんなの、まだまし。私なんて、彼氏の誕生日にプレゼント買って、ケーキ買って待ってたのに、他の女とカラオケ行ってたってよ。

――お金の貸し借りもあるの？

ユウ　私なんて、一回に一〇万だよ。返ってきたことがない。ぶっち（音信不通に）されたし。

エミは深夜のゴーパチで、失敗も含め恋愛にまつわる経験をユウたちと共有し、つらい思いを笑い飛ばした。そうすることで、目の前の厳しい現実を、少しでも軽いものにしようとした。夜シゴトの情報も、職業訓練校を出れば就職できるという話も、このつながりから得ていた。彼女たちにとってこのグループは、心を落ち着かせる場所であると同時に、有用な情報を共有する場でもあった。

高校を卒業して数年後、エミは求人誌でみつけたアパレル店でアルバイトを始めた。接客業に興味があったエミは、お客さんへの接し方などを積極的に学び、やりがいをもって働いていた。ただ、いいことばかりではなかった。六五〇円でスタートした時給は、二年半働いても二〇円しか上がらなかった。上司から昇進を打診されたものの、断った。条件が少しよくなるだけで、連日のように残業させられることがわかっていたからだ。

ちょうどそのころ、自分が所有するバイクの塗装を、悠馬という知り合いの先輩に頼んだ。悠馬は元暴走族で、バイクの塗装も自分でやってしまうほどの腕前の持ち主だった。自動車工場で修理工をしていた彼は、得意な塗装でいつか独立するという夢をもっていた。そんな悠馬と、バイクについてあれこれ話をするのは、エミにとって楽しい時間だった。こうして二人はつき合うようになり、同棲するにいたった。その頃にはエミは、悠馬の夢を一緒にかなえたいと思うようになっていた。

エミはすぐに行動にでた。時給の上がらないアパレルの仕事を辞め、職業訓練校に入って経理の勉強をし、自動車保険の仕組みを学び、陸運局の手続きの仕方を教わった。その間、生活費を確保するため、自動車修理工場で働き、のちにコールセンターで働いた。彼との夢に一歩ずつ近づいていたとき、彼女は妊娠した。ところが、この時期の彼はまだ独立には踏み切れず、入籍も遅らせていた。出産は見送らざるをえなかった。

エミ　最近（一ヵ月前）、子ども、おろしたわけさ。ユウに病院教えてもらって行ってきた。
上間　悠馬さんに言ってある？
エミ　あ、言ってます。今はもう、エミが無理って言ったからおろしたんだけど。一応、彼氏は「産んでもいいよ」って言ったけど。
――　うんうん。
エミ　エミがまだだな、みたいな。
――　ああ、ほんとに。
エミ　親にも紹介してないし、まだ一年も住んでないしみたいな。
上間　うんうんうん。これでバーンって結婚とかなるのが、ちょっと違うなって思ったの？

エミ　うん。うん。
……
エミ　うちの親は、たぶん産めっていう親だから。
――　産めって？
エミ　産めっていう親。だから言えないわけ。

悠馬は出産に前向きだった。エミの両親も、子どもを産むことに賛成してくれそうだった。それでもエミは、悠馬との入籍、そして出産に慎重だった。[46] なぜエミは、入籍と出産に慎重だったのだろうか。

エミ　お母さん、（家族生活が）ほんとにきついはず。で、お父さん働かないで、いつも遊んでるから。
――　お父さん、ギャンブルも？
エミ　お父さん（ギャンブル）してる。パチンコよく行くから。ダメ男だよ、んはは。

46――エミが出産を選ばなかったのに対して、周囲の女の子たちの大半は、エミと同じような状況になったとき、出産に踏み切っていた。彼女たちはみな、子どもを中心とする家庭を築こうとした。

だから、（私は）お父さん見てるし、前の彼氏も、こんなお金とかよくとられてたから、金銭感覚ダメな人が嫌だから。

上間　うんうん。

エミ　今の彼氏はまともに仕事してるから、ちょっと安心してる。

エミは、一向に働こうとしない父親と、自身の失恋経験から、結婚相手の「金銭感覚」を重視していた。入籍と出産に慎重になったのは、そうした過去の経験から、「避けるべき家族」像を抱いていたことが大きかった。

ケンカばかりする両親の家を飛び出し、エミは夜のゴーパチに出た。ところがエミも、「ダメ男」にだまされた。そんなエミにとって悠馬は、「金銭感覚」のしっかりした相手だった。だからエミは、悠馬が独立できるように、できる限りのことをした。その甲斐もあって悠馬は二〇一五年に塗装工場に転職し、エミと悠馬の二人は入籍した。ほどなくしてエミは妊娠し、出産した。

サキとエミの一〇年間をまとめたのが表3である。

サキは夫からDVを受け、逃げるように家を出て、夜のゴーパチに通い、生計を立てるために夜シゴトに就いた。けんかの絶えない両親の家を出たエミは、ゴーパチで出会った女の子たちと時間をともにするなかで、つらい経験を共有し、仕事につながる情報

表3　サキとエミの記録

| | サキ | エミ |
|---|---|---|
| 2005年<br>16歳 | 高校1年／年上の彼氏と交際／ギャラリー | 高校1年／ゴーパチでギャラリー |
| 2006年<br>17歳 | 高校2年／彼氏と入籍／夫からDV／第1子（男）出産／キャバクラ勤務／ゴーパチでギャラリー | 高校2年／キャバクラ勤務／ゴーパチでギャラリー |
| 2007年<br>18歳<br>（打越調査開始） | 高校3年／妊娠中で高校休学／キャバクラ勤務／ゴーパチでギャラリー | 高校3年／キャバクラ勤務／ゴーパチでギャラリー |
| 2008年<br>19歳 | 高校4年目／第2子（女）出産／夫は本土で仕事／DVが原因で離婚／弁当屋（1年半働く） | キャバクラ勤務／ゴーパチでギャラリー／バイク購入 |
| 2009年<br>20歳 | 実家近くでアパートを借りて生活（兄と両親が世話）／弁当屋／新しい彼氏と同棲 | キャバクラ勤務／ゴーパチでギャラリー |
| 2010年<br>21歳 | アパートで彼氏と2人の子どもと同棲／職業訓練校に行く（半年間、パソコン）／弁当屋 | アパレル店勤務／悠馬と交際開始 |
| 2011年<br>22歳 | 彼氏の職場近くに引越し／彼氏は現役暴走族（逮捕後、引退）／彼氏と2人の子どもと同棲 | 悠馬と交際中／アパレル店勤務 |
| 2012年<br>23歳<br>（上間調査開始） | 妊娠中 | アパレル店勤務／職業訓練校／悠馬と同棲／出産回避 |
| 2013年<br>24歳 | 同棲していた彼と入籍／第3子出産 | 悠馬と同棲／自動車修理工場勤務（1年間） |
| 2014年<br>25歳 | 育児休暇／弁当屋復帰 | 悠馬と同棲／自動車保険会社のコールセンター勤務 |
| 2015年<br>26歳 | 育児 | 悠馬と入籍 |
| 2016年<br>27歳 | 育児／保険会社勤務 | 妊娠中 |
| 2017年<br>28歳 | 保険会社勤務 | 第1子出産・育児 |

を得た。このように、彼女たちが夜のゴーパチに通ったり、夜シゴトをしたりすることには、彼女たちなりの切実な理由があった。

けれど、サキとエミの二人が、それぞれ困難な状況にあったとき、お互い相談し合うということは、なかった。サキがDVに遭っていたとき、エミはアパレルの仕事に夢中だった。エミが出産を選ばなかったとき、サキは再婚し、妊娠中だった。お互い、そのときの立場の違いを考えて、自らが抱えている困難を打ち明けなかった。

ユウは夜シゴトを続け、連絡を取り合うことが次第に減っていった。こうして、深夜のゴーパチで知り合った彼女たちの親密なつながりは、時間がたつにつれて、ほどけていった。

＊

サキはDVをきっかけに、エミは悠馬との出会いをきっかけに、それぞれ将来像を抱き、実現にむけて一歩ずつ進んでいった。

サキは激しいDVを受けてゴーパチに避難し、やがて新しい彼氏と出会う。それでもしばらくの間、彼の稼ぎとDVの可能性が気がかりで、簡単には入籍しなかった。その彼と一緒に生きていこうと思い定めたとき、あるべき家族像の指針となったのが、「家族で旅行に行く」ということだった。

パチンコ店に入りびたりで、一向に働こうとせず、夫婦喧嘩ばかりしていた自分の父親と、「金銭感覚ダメな」前の彼氏とのことから、エミは「避けるべき家族」像を持つようになった。エミにとって悠馬は、「金銭感覚」がしっかりした相手だった。だからエミは、独立したいという悠馬のために、できる限りのことをした。

サキとエミの二人にとって、理想を実現するうえで家族像は大きな役割を果たした。サキにとっては目指すべきものとして、エミにとっては回避すべきものとしてではあるが、どちらも、常に立ち返るべき原点だった。二人の家族像は、幼少期からの数多くの経験から形づくられ、それこそ身体に深く刻み込まれているようなものだった。二人はそれにもとづいて、家族をつくろうとした。

そうした家族像にもとづいて、いざ家族をつくるというときに、彼女たちはまず同棲することを選んだ。二年を超す同棲生活をへて、見極めがついたとき、サキは入籍し、そして子どもを産んだ。エミは悠馬の仕事が落ち着くのを待ち、将来の見通しが立ってから、入籍と出産に踏み切った。

二人とも、子どもを育てることを軸に、新しい家族の足場を築いていった。

DVをふるう前夫と一緒に暮らしていたとき、サキはよく夫に子どもの世話をさせた。それは、子どもの面倒をみることをとおして、家族のケアに自覚的になるよう促すものだった。サキもエミも、まずは同棲から始めて、あたらしく家族をつくった。

# おわりに

ある年のウークイ（旧盆の最終日）のこと、それぞれの地元では青年団がエイサーを披露し、中の町公園や諸見《もろみ》百軒通りでのオーラセーは最高潮に達していた。オーラセーとは、二つのエイサーチームが競い合うように踊ることで、相手の演舞が乱れるまで延々と続く。観光客、家族連れ、そして地元の若者たちが、道路沿いやアパートの階段から、その模様に見入っている。演舞は次第に熱を帯び、演奏のテンポも徐々に速くなっていく。一時間近く競い合い、決着がついたのは夜の一二時頃だった。

オーラセーが一段落し、見物人が帰路につこうとする頃、エイサーと入れ替わるように、国道三三〇号線では暴走族が爆音を響かせ始めた。

エイサーの見物人で歩道はあふれ返り、その警備にあたっていたパトカーは、急遽、暴走族対策に切り替わって、追走を始めた。暴走族に対し、いつもは追突も辞さない厳しい取り締まりを行う県警も、あふれんばかりの見物人がいる今晩は慎重にならざるを得ない。暴走族を目にして、盛り上がっている若者もいる。

旧盆でにぎわうコザの夜

それに呼応するかのように、暴走族はいっそう爆音を響かせ、台数も増えてくる。それを小型バイクのヤンキーたちが追走する。渋滞で車は前へ進めなくなり、見物人も帰れない。エイサーのグループは演舞を再開し、パトカーは立ち往生している。

そのとき、暴走族を追尾するパトカーに乗った警官が、バイクに乗った暴走族の若者に向かって「(通行人を)ひいたら、ぶっ殺すからな」と、ドスのきいた声で脅しつけた。

＊

あの夜の興奮が、今もよみがえってくる。青年団、見物人、暴走族、県警、それぞれがうごめきあっていた。

二〇〇七年頃のゴーパチは、毎晩、このような興奮状態にあった。私はその後、一〇年間にわたって彼ら彼女らのかたわらで時を刻み、話を聞かせてもらった。

当時、暴走族だった若者や、暴走族を追走したり見物したりしたヤンキーたちは、その後、建設業の従業員、風俗店の経営者、金融屋、そして母親などになった。若者たちは、それぞれ異なる人生を歩んでいった。

現在のゴーパチに、当時のような興奮はない。T地区のアジトも、セクキャバのルアンも、いまはもうない。K地区の若者たちの多くは、今どこで何をしているのか、行方が知れない。

解体屋の若者たちにとって、地元は生きる基盤であり、世界そのものだった。風俗経営に踏み切った洋介にとって、地元は生活をつくりあげる基礎となった。勝也は地元で天下を取ろうとした。しかし、新たに参入できる余地は既になく、彼は地元を見切った。女の子たちにとって、男たちを見定め、ともに家族をつくる過程で、地元社会を知ることは欠かせなかった。彼ら彼女らの生活と仕事の中心は、地元だった。その地元は、建設業界の景気動向や少子化の影響を受けて変化を遂げつつある。

なくなってしまったこと、変わってしまったものを、ただ懐かしんでいても意味はない。そもそも、この一〇年間を手放しで肯定することはできない。そこは男たちの暴力や支配、搾取にみちた世界だった。

二〇一八年の今、少しはましになっただろうか。二〇一五年には辺野古の米軍キャンプ・シュワブのゲート前で、新基地に反対する市民のテントが襲撃を受け、テント内のゴザなどが切り裂かれた。二〇一七年には、読谷村《よみたんそん》のチビチリガマが荒らされた。このガマ(自然壕)は、太平洋戦争末期の沖縄戦で「集団自決(集団強制死)」が起き、八五人が命を落としたところだ。

たがが外れたように、何でもありの世界になってきた。

しかし、このような世界にも、間違いなく人びとは生き、生活が存在する。人が生活し働くうえで土台となる文化を理解すること、その理解をもとに想像をめぐらすこと。いかに地道な営みであっても、そのことを手放すことはできない。この本はそうした思いのもと、一〇年以上にわたって彼ら彼女らと話をし、時間をともにした、その記録である。

# あとがき

本書が刊行されるまでに、沢山の人にお世話になりました。お礼の言葉を述べます。

本書を書き上げるのに必要な時間はクラウドファンディングによる支援により確保できました。研究職に就けないまま年齢を重ね、研究する環境から徐々に離れていたなかで、久しぶりに机に座りじっくり考えることができる環境をえました。サポーターの七割近くは見ず知らずの方であったことは、大きな精神的支えとなりました。上間陽子さん、杉山茂さん、岸政彦さん、乙川知紀さん、吉川浩満さん、山中速人さん他一〇三名のサポーターの皆さま、そして声をかけてくれたシノドスの芹沢一也さんに感謝します。

本書のもととなる調査は、特定非営利活動法人社会理論・動態研究所から申請した科学研究費（課題番号「26780300」、「25590128」、「26381136」）によって資金援助を受けました。この研究所は、青木秀男さんが設立した任意団体として始まり、二〇〇八年から毎年、研究紀要『理論と動態』を発行しています。一〇年に特定非営利活動法人となり、一二年には文科省から学術機関（科学研究費交付資格団体）に認定されました。設立当初は地方都市の有志など、半数以上が大学に職を得ていなかったメンバーで始まった研究所が、ここまで研究活動を拡大し、数々の知見を蓄積することができたのは、青木さんと青木泰子さんの熱意の賜物《たまもの》です。所員たちは家庭があったり会社勤めをしたりしながら、それぞれ研究をすすめ、事務作業は分担しました。自分たちでつくりあげた研究所から科研費の申請をし、交付された科研費で調査できたことをうれしく思います。所員の後藤俊文さんには、博論執筆時の伴走者として、面倒を見てもらいました。

琉球大学（当時）の松本修一さんは、大学卒業後に社会学の大学院に進学したいと相談すると、大学の空き教室を勉強部屋兼寝床として、一年間にわたって特別に開放してくれました。また松本さんと久高将壽さんと私の三人で、『野生の思考』の輪読を行いました。夕方から夜遅くまで数ページを読むというスタイルで、行間を読むこと、わかった気にならないことを何度も注意されたのは苦い思い出です。私の研究は、古典を読み込むスタイルとはなりませんでしたが、調査データを読む時に、おふたりから教わったことを思い出します。

また松本さんは、琉球大学の集中講義に成城大学（当時）の小田亮さんを招待してくれました。集中講義の期間中、小田さんとは毎晩宿舎で、早朝までお酒を飲ませてもらいました。どの本の話をしても、さらにおもしろく読むヒントをくれました。

そして大学を卒業し中高の教員になる予定だった私の人生を大きく変えてくれたのが、

長谷川裕さんと宮内洋さんです。

長谷川さんが講義で紹介してくれた『ハマータウンの野郎ども』に、教育と社会をめぐる私の視点は大きく影響を受けました。アカデミックな業界の一部が権威主義的で不正続きであっても、この世界に私が賭けていられるのは、「長谷川さんは絶対にそんなことはしない」という揺るぎない信頼があったからです。私が二〇代の頃にそうした姿を見せてくれたことに感謝します。

宮内さんは、北海道から琉球大に集中講義に来てくれました。講義で紹介された「解るということはそれによって自分が変わるということでしょう」という上原専禄《せんろく》の言葉は、今でもことあるごとに立ち返る私の原点になっています。宮内さんの誘惑に満ちた講義を受けて、すぐにテープレコーダーを購入しコンビニ前の若者に聞き取り調査をしたことが、私の社会調査の原体験です。

また宮内さんが主宰する〈生活―文脈〉理解研究会では、松宮朝さん、新藤慶さん、石岡丈昇さんと共同研究を重ねる機会に恵まれました。調査データを丸二日かけて徹底的に読み込む研究会では、毎回うならされました。データを読む深さには、読み手の人生経験が反映していることを痛感しました。

首都大学東京で指導教官だった丹野清人さんが「放し飼い」にしてくれたことで、この本のもととなる調査は可能になりました。うちなーぐち（沖縄方言）については翁長久弥さん（興南高）と石崎博志さん（佛教大）にアドバイスをもらいました。もちろん、翻訳に関するすべての責任は著者にあります。

共同研究者の岸政彦さんは、建築現場上がりの数少ない社会学者です。現場の様子を描いた「ユッカに流れる時間」は衝撃的な作品です。事務能力もなく自己流で質的調査をすすめていた私を、最初に共同研究に誘ってくれました。また長時間にわたり基礎ゼミでご指導いただいたご恩は忘れません。

同じく共同研究者の上間陽子さんは、私の書いたものを丁寧に読んでくれ、コメントしてくれました。時にはっきりと「あの論文はよくない」と言ってくれました。上間さんの『裸足で逃げる』のもととなった夜シゴトの女の子たちの調査で、話をきくことのむつかしさ、おもしろさ、そして力を学ぶことができました。会うたびに私の仕事を評価してくれ、書いていくことを後押ししてくれました。

現在まで研究を続けることができたのは、広島の家族による生活の支えがあったからです。特に妹には感謝します。また大学院時代に結婚したパートナーの串京姫さんと息子の隼くんには、不規則な生活と仕事で、住む場所を転々とさせてしまい、多大なる負担をかけてしまいました。あとがきで謝意を記したいと相談すると、私たちの生活が犠牲になって、やっと形になったことを明記するよう言われました。

そして、なにより沖縄で出会った若者たちに感謝の気持ちを伝えたいです。ひと夏で三〇〇〇キロも深夜のゴーパチを原付バイクで追走し、真夏の建築現場で一緒に汗を流し、週末の繁華街ではっちゃける時間は、とても刺激的でした。その他、三〇時間におよぶビーチパーティ、ソロで給料のほとんどをもっていかれたこと、警察署での面会、真昼の風俗街で清掃を手伝ったことは、忘れられない出来事です。

調べる力も、それを書く力も、基礎的なことを怠ってきてしまったため、本書の刊行は何度もあきらめかけました。あれだけ湧いてきた調査場面の情景が、いつの間にかスカスカになっていました。そんな時でも、調査対象者である多くの若者から定期的に連絡をもらえました。ある時、裕太に誘われて、太一の格闘技大会の祝勝会に参加しました。それまで、「俺のことは本に書くなよ」といっていた裕太が、その場で「えっ、おまえ、印税はやくよこせよ」と事実上のゴーサインを出してくれました。裕太と出会って一〇年がたっていました。

二〇一〇年、学会で最初に書籍化を勧めてくれたのが関西学院大の鈴木謙介さんでした。そして筑摩書房の石島裕之さんが快く担当してくれました。感謝申し上げます。

二〇一九年三月　沖縄

打越正行

補論

# パシリとしての生きざまに学ぶ

## ――その後の『ヤンキーと地元』

『ヤンキーと地元』(二〇一九年)は、これまで多くの方に読んでいただき、このたび、ちくま文庫より刊行する機会に恵まれた。また第六回沖縄書店大賞(沖縄部門)に選定していただけたことは、沖縄で調査研究を続けてきた者としては、このうえない幸せなことであった。

拙著は、刊行後にさまざまなメディアで取り上げていただき、調査でお世話になった方がたの生活圏にある書店でも販売された。「おまえの本、TSUTAYAにあったよ、高いな」と調査対象者のひとりから連絡を受け、呼び出してもらう機会もあった。書いたものが調査協力者の生活圏にまで実際に届くことは、(もちろんそのことを想定して書き、また事前に原稿の説明を行っていたが)他者について書く者にとってなによりのモチベーションにつながり、また緊張感をもって取り組むことへとつながった。

このように拙著を届けられたことは昨今の出版事情からすれば奇跡的なことであり、筑摩書房の皆さま、また書店関係者の皆さまに心より感謝申し上げる。

＊

過去から現在まで続く、日本社会による沖縄社会への基地負担の押し付け、そして差別としか言いようのない対応やその後の沈黙という事態には、憤《いきどお》りと、辱《はずかし》めを受けたという気持ちしかない。私はそれらの感情を忘れないこと、そして沖縄に生きる人びとの生きる現実を外さないこと、この二つを大切にして調査研究に取り組んできた。その結果たどり着いたのが、本書のもととなる社会調査で実施した「パシリ（雑用係）として参与観察を行う」ということである。

調査で出会った、暴走族やヤンキーの若者、そして建設作業員のおっちゃんたちは、過酷な地元社会や労働環境を生きる過程で、明確に憤りの言葉を発することはほとんどなく、むしろ年上のしーじゃ［先輩］の顔色をうかがいながら生きていた。その生きざまに学び、憤りの気持ちを込めて書いたのが本書である。この補論では、彼らから教わったパシリとしての生きざまについて述べ、その生きざまが参与観察を進める点でとても重要であるということについて述べる。学術論文をもとにした文章であるため専門的なところがあり、やや難解な内容を含むが、本書のもととなった調査のエッセンスを紹介しているので、ぜひ読んでいただければ幸いである。

## 1　パシリとして生きる

### 失敗を繰り返すパシリ

私は二〇年近くにおよぶ社会調査の過程で、調査対象者からパシリとしての生きざまを教わった。パシリとは年齢による上下関係にもとづき、先輩の付き人のように身の回りの雑用を行う後輩の役割である。暴走族ではタバコや飲み物の買い出し、バイクのメンテナンスなどを担当する。また建設現場では先輩の働き方の癖をつかんで、補佐役として支える。

パシリとして、先輩から頼まれたことを忠実にこなすことは、まず重要である。ただし、指示をこなすだけでは完成度の高いパシリとはいえなかった。あくまでもパシリは先輩より下位に位置づけられた立場である。ゆえに求められた作業に忠実に対応しながらも、時どきは他のメンバーがいる前で先輩に叱責されたり、バカにされたりすることが求められた。それによって、先輩なしではなにもできない存在であることが露《あら》わになり、両者が上下関係にあることの確認がなされた。結果として、指導を受けるくらいのパシリが、長い目でみると先輩との関係を良好に保つことができていた。また、それは先輩のどんどん拡大する無理難題を抑制することにつながった。

私はこれまで、緊張感のある建設現場において、失敗を繰り返すパシリが人間関係を円滑にまわす「潤滑油」のような役割を果たし、結果として先輩と後輩の関係を安定的に維持する機能として働いていると説明してきた[47]（打越 二〇一六）。その説明では、調査場面における失敗を常にカバーできることが、所与の前提となっていた。しかしながら、パシリは能力を欠いた者であるため、そのカバーができないまま、失敗を繰り返すことになる。もしそんな状態が続くなら、通常、先輩と後輩の関係は破綻するだろう。それにもかかわらず、なぜパシリという立場が維持されるのか。以下、剛さんの生き方をもとに考える。

## 剛さん——沖組でなぜか長く働いている人

あらゆる集団や組織において、なんらかの役割や地位を得ることで、その集団の一員となるプロセスがある。私が参与観察を実施した建設現場は、仕事ができるか否かといった、非常にシンプルな基準で評価される世界であった。そこでは、国籍も性別も学歴もほとんど関係ない。「刑務所あがり」であることで、不当に扱われたり、また過大評価されたりすることもない。建設現場にも、他分野の企業と同じように仕事の能力に基づいて評価され、なんらかの役割や地位が与えられ、集団の一員になるプロセスがあったのである。

そのような実力主義の社会で、唯一例外となる人物がいた。それが剛さんだ。彼は、沖縄の地元の建設会社である沖組の設立当初から三〇年近く継続して働く五〇代の従業員である。ただ、建設業の従業員としての能力は高くはなかった。いつまでたっても新入りの若者がやる雑用を任されていて、全体の作業手順を見越した指示などを出したり

47——パシリとして失敗することの積極的な機能について知るようになってからも、意図的に失敗を試みたことは一度もないことは明記しておく。

する役回りになることはなかった。そして、たびたび作業手順を誤り、現場で年下の班長に叱責されたり、馬鹿にされたりしていた。

若い頃はシンナーを吸引し、現在でも一日一〇本程度は発泡酒を飲み、アディクションの傾向を確認できた。そのような人であることを現場で働く従業員は知っていたので、彼が作業していなくても、意図的にサボっているとみなされることはなかった。しかし、前述のように実力と結果が求められる建設現場で、彼だけが長く居続けることが可能となっていたのである（ただし能力がともなわないといっても、前述したように全体の動きをみながら指示を出すような働き方は難しいものの、班長の指示のもと標準よりやや少なめの資材を運ぶなど、作業員としての最低限の能力は持ち合わせていた）。

## パシリのプロフェッショナル

そのような彼がさまざまな失敗をおかしてしまうことは、決して特別にゆるされているわけではない。周囲の新参者は、彼の失敗から教わり学ぶことは多く、もちつもたれつの関係が一時的に形成されているようにもみえる。しかし能力を欠いた者が、建設現場で継続的に働くことはできない。

剛　沖組は平成五（一九九三）年から。昔あれだったよ。沖組では一番（出勤率）トップ賞には、現金一万円か、作業服上下プレゼントだったよ。俺、何回とったかわからんよ。毎回現金。

――（筆者、以下同様）欠勤ゼロですね。

剛　俺、だから百二十何日だったかな、日曜日もだよ、出勤。（自分よりもっと連続で仕事に）出たのがいたわけ、百二十何日か、あと一週間出ればいいっていう時に、俺これ（この最高記録を）抜けるっていった時に、今の女と知り合って、これでパーなったわけ。あと五日か六日だったよ。俺がトップになるっていう時に。いまだにこの記録、誰にも抜かれてないよ。いまだに第二位。日曜日も、俺の場合はだけど、親父に呼ばれてのあれだから、（車の）ワックス掛けれとか、平日も仕事の時も親父にしょっちゅう呼ばれて、草刈りとか、お墓掃除とか（やっている）。

剛さんは、沖組が創立した年から、ほぼ毎日、日曜も休まずに継続して働き、また勤務時間内に社長に呼び出されて雑用もこなすようなことを継続してきた。これはいつでも自身の時間を社長にささげることで、長きにわたり行われてきた。それは、パシリとしての能力の欠如を埋め合わせるどころか、それ以上のものを過剰に差し出すものであった。いつまでも、そしていつでも時間をささげることで、剛さんは自身のパシリという地位を築いてきた。

――剛さんも上の人にかわいがられるタイプですよね。

剛　だから、親父（社長）にも一番かわいがられて、しょっちゅう、かわいがられて、あしばー（暴力団）なっても一番上の人と何度も。俺はそんなつもりはないけど、こんななってるわけ。

……

――現場で私も剛さんも叱られること多いじゃないですか。けど（年下の班長である）裕太さんも剛さんのことを必要としてますよ。めっちゃ仕事できる後輩とか、裕太さんはいらないんですよ。となりで誰かを叱りながら仕事するのが裕太さん（のやり方）なんですよ。

剛　これは親父も言いよったよ。「やー［おまえ］だから言うんだよ。他の人だったら言わないよー」って、「俺には言いやすい」って、親父。「他の人にだったら言えない」って、親父。他の人に言ったら、すぐ辞めるから、「剛、だからごめんなー」って（謝られるよ）、「だけどおまえには言うよ」って。親父はちゃんとわかってる。

剛さんは、親父と慕う社長、そしてその息子である年下の班長から、求められる地位に辿《たど》り着いた。彼のパシリとしての生きざまは、沖縄の地元の建設業を生きるなかで身につけた生き方そのものである。いつ仕事が切れるか、いつ不景気になるか、そしていつ革新系の政治家が知事となり補助金をカットされるかがわからない、そのような不安定な沖縄の建設業界を生きる過程では、常に社長や先輩の意のままに動かせるパシリとして地元の後輩を確保しておくことこそが合理的な経営方法であったのである。[48]

パシリという役割は、過酷な仕事や人間関係を調和することもあるし、ミスを反面教師として位置付け後輩たちを育て上げる教育的な機能を果たすこともある。しかしそのようにポジティブな役割としてのみ説明できるものではない。そうではなく、沖縄の建設業で生きるにはパシリにならざるを得ないのである。そしてパシリになるということは、過剰に時間を差し出すということであり、またそのような過酷な現状を生きるなかで形成された彼らの生きざまである。そのようなことを私は剛さんから実地で教わった。

常にスタンバイ状態で待ち続けることは、沖縄の建設業を生きるなかで重宝される特性である。地元の先輩である社長と後輩である従業員は、明確な搾取の関係にある。他方で実際の建設現場や長く人生を過ごすなかでは、両者の関係には異なる構図が浮かび上がる。パシリは能力を欠いた「借り」の状態と過剰に時間を差し出す「貸し」の状態

48——沖縄の建設業と、そこで働く従業員の人間関係のあり方については、打越（二〇二〇）を参照してほしい。

が続く関係である。ここで剛さんと社長の関係では搾取の関係とは異なる「持ちつ持たれつ」の社会関係が形成される。非対称な権力関係にはあるものの、もうひとつの社会関係の文脈があることを、剛さんのパシリとしての生きざまから教わった。

## 2 パシリとしての参与観察

### 参与観察について

これから「パシリとしての参与観察」について述べる前に、まず参与観察について説明しよう。『新社会学辞典』（森岡ほか編 一九九三）によると、参与観察は「調査者自身が、調査対象集団の一員として振る舞い、そのなかで生活しながら、比較的長期にわたって、多角的に観察する方法」とある。人類学や社会学で用いられてきた調査法のひとつであり、調査対象社会との距離の近さと調査期間の長さがその特徴とされる。

大衆演劇の劇団で参与観察をした社会学者の鵜飼正樹《うかいまさき》は、座長の勝富児さんから「調べるなら、一緒に生活してみたらいい」と伝えられる（鵜飼 一九九四）。またギャング団の参与観察を行ったアメリカ合衆国の社会学者ホワイトは、リーダーのドックから「みんなが君を受け容れたならば、君がただぶらつくだけで、結局のところ、質問をしなくても回答を得ることができるようになる」（Whyte 1933 [1943]=2000: 307）と伝えられる。このように参与観察では、調査者が調査対象社会の一員となるということがめざされてきたといえる。そして一員になるには、調査対象となる社会においてなんらかの役割を果たすことが求められた。

＊

パシリであることとは、所属集団の一員ではあるものの能力を欠いた存在であるため、安定的な地位として立ち続けることができないものである。ここでは、そのような不安定な地位にあることや、社会関係（利害関係）に巻き込まれることなどを、参与観察の特長として紹介する。

## 巻き込まれること

参与観察は、調査対象者の生活や調査対象社会に張り付く形で展開される調査法である。それは人間と人間がともに住まうことによって生じるあらゆることが、調査場面でも生じうることを意味する。それゆえ、参与観察における調査者と調査対象者との関係は安定的なものとは限らないし、また互いの人生に巻き込まれることさえ生じうる。

ここで用いる「巻き込まれること」については、以下の新原道信《にいはらみちのぶ》の指摘に示唆を得た。

フィールドワークは、「このひととつきあっても自分に得なことはないかもしれないけれど、まあつきあうか」と思ってもらえる力、「役に立つかどうかわからないけれど、まあ声をかけてみるか」と呼んでもらえる力（calling の力）、〝ひとごと（misfortune of someone else）〟に巻き込まれる力を必要とする。（新原 二〇一二：二六）

新原が述べる「巻き込まれる力」とは、調査者と調査対象者の間に、利害関係に回収されない「あいつなら教えてやるか」といった社会関係が立ち上がることで生じる力である。新原はフィールドワークについて述べているが、フィールドワークの一手法である参与観察においてもそれは有効な指摘である。

社会調査において、観察者が特定の環境に巻き込まれることは避けなければならないと考えられてきた。しかしそれは避けるべきことではなく、むしろそこから書くべきことが生まれることもあるということを、ここでは指摘したい。参与観察における観察者は、定点観測することに留まらない。

## 部外者でなく、内部関係者になること

以下では、参与観察におけるパシリという役割について整理する。そのために、ここでは調査対象社会の部外者（観察者）か内部関係者（参加者）かという社会の内外の尺

6-1

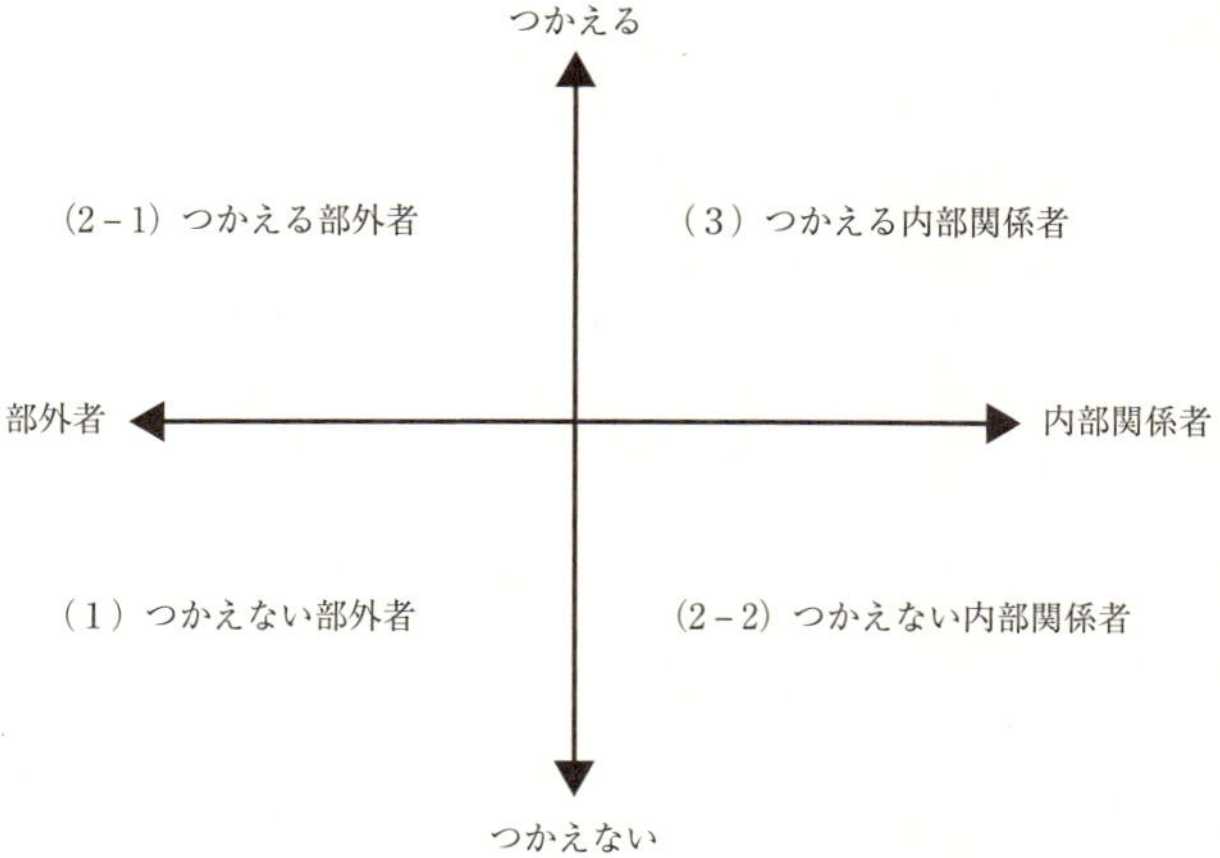


参与観察における調査者の立場

度となる軸と、調査対象社会で与えられた役割を果たしているか否かの貢献度の軸を交差させて整理する。後者の軸は地元の暴走族や建設会社において、先輩たちからみて役割をこなしているか否かの軸である。それに従うと、（1）つかえない部外者、（2-1）つかえる部外者、（2-2）つかえない内部関係者、そして（3）つかえる内部関係者の四つの段階に区分できる（図6-1）。

（1）「つかえない部外者」は、調査初日の観察者や調査対象社会に新たに加わった新参者であり、このような状況は一時的なものであり、この立場のままで継続的な調査を行うことはできない。そのため、調査者は（3）「つかえる内部関係者」をめざすことになるのだが、そこに到達することは理論上ほぼ不可能なことである。加えて、それは調査倫理的にも、そして調査遂行上でも、必ずしもいいこととはいえない。

どういうことか。調査者は現実を書く側に立った時点で、調査対象者と同一化することはできない。そして万一それが可能だとしても、調査者と調査対象者が同一化して調査すること――「つかえる内部関係者」になること――で、見えなくなってしまうことがある。それを忘れて「つかえる内部関係者」として調査することは、往々にして世界を網羅できるとする傲慢な態度につながりうる。調査という営みが調査対象者や調査対象社会の一時的で部分的な表象であることについては、何度も繰り返し確認しなければならないことである。

また「つかえる内部関係者」になることは、自らのことが近すぎて、またあたりまえすぎて、自身では把握できないように、調査遂行上、必ずしも有効な立場とはいえない。そこからは、調査対象社会がかえって見えなくなるのである。

## 調査における利害関係

このように(1)から(3)へとたどる過程で、(2-1)「つかえる部外者」と(2-2)「つかえない内部関係者」とに分かれる分岐点がある。「つかえる部外者」は、これまでの多くの参与観察でめざされてきた調査者と調査対象者との良好な信頼関係（ラポール）に該当する。たとえば過疎化がすすむある集落で秋の収穫祭を実施するような場合である。たいていは人手不足となるため、集落外から来た調査者が祭りの手伝いを行うこととなる。このように調査者が集落の欠員を補う形で一員となり、その過程を通じて調査がスムーズに展開することは想定できる。利害関係にあることが露わになるためあまり表立っては書かれないが、このように調査者が調査以外で必要とされることをきっかけに、ギブアンドテイクの関係が成立し調査が進むことはあるだろう。

調査すること自体は、直接に、明確に、そしてすぐに調査対象社会に貢献することにはつながらないため、調査するなかで、このようなギブアンドテイクの関係が展開されることはよくある。このような関係は調査を遂行するためには都合のよいものであり、実際には与えられた役割をこなし、また助けてもらったからお返しとして調査に協力するといった利害関係によって対象者との関係が成立する。純粋にパーソナルな信頼関係のみで調査を成り立たせることは困難であるため、調査対象者と利害関係にあることは避けられない。そのうえで、ここで注目したいのは、その利害関係による交換はその場で借りに対して返しすぎや返し足りないことがなく、ちょうど完済されるため、貸しと借りが繰り返される贈与的な社会関係が継続しないという点である。調査関係を超えたつながりや調査後にも継続して関わることが想定されない通いの調査では、教えてもらうために手伝い、手伝ってもらったことへのお返しとして教えることとなるため、その都度に貸しと借りは完済されるのである。

## 「つかえない内部関係者」になること

それと対照的なのが、「つかえない内部関係者」であり、ここでその意義を展開する「パシリとしての参与観察」である。「つかえない内部関係者」は、参与観察において、「つかえない部外者」から、「つかえる内部関係者」への過程で、確かに存在しているもうひとつの段階であるが、ほとんど焦点をあてられることはなかった。それは「つかえない内部関係者」の意義が、「部外者ではあるがつかえるためにその立場に居続けることができ、結果として調査ができる」という従来の「つかえる部外者」としての調査の展開からは到底説明できないものであるからだ。「つかえないにもかかわらず、内部関係者である」ということは、一般的には想定できないのである。その前提からすると、前述した剛さんのすごみは際立つ。彼は与えられた役割を十分に果たすことはないにもかかわらず、内部関係者であり続けているのであった。

このように、「つかえないにもかかわらず内部関係者である」というなかなか想定しづらい立場は、しかし少なくない参与観察において、調査者がとってきた立場だ。そこで調査者は邪魔者でつかえないパシリをずっとやってきたのである。

「つかえる部外者」としての調査という展開は説明がつくしスマートである。他方で、「つかえない内部関係者」は理解しがたいし、不恰好《ぶかっこう》である。この違いを捨象して、「ラポールを構築した」などと小奇麗《こぎれい》にまとめてはならない。つかえないにもかかわらず内部関係者であるという状況に至る過程で、なにが起こり、どのように関係を積み重ね、そして利害関係に巻き込まれていったのか。それを書かなければならないし、それ抜きに魅力的なエスノグラフィーなど書けないはずだ。

## 金銭授受について

「つかえる部外者」と「つかえない内部関係者」の違いについて押さえるために、調査場面における金銭授受への態度に言及する。前出の社会学者で、都市社会学の名著である『ストリート・コーナー・ソサエティ（以下、SCS）』の著者であるホワイトは、調査のキーパーソンであるドックの子孫から、刊行した著書の印税を請求された。その出来事について彼は以下のように振り返る。

私はドックを利用したであろうか。ボーレン（ホワイトの調査倫理について問題提起した学者――打越）は彼（ドック――打越）の息子たちがそのように思っており、SCSの印税をともに分けるべきだと報告している。私たちの付き合いのなかで、彼がそうであった以上に私が得たものが大きかったことは認めるにしても、同時にそれに報いるためにできる限りのことはしてきた。（中略）私の個人的な経験を越えて、調査者とその重要な情報提供者との関係について、どのような一般的な結論を導くことができるだろうか。彼らは、報酬を受けるべきなのか。もしそうならば、どのくらいの額が公平なのだろうか。そしてどうやってその公平さが決められるのだろうか。私はこのような問題に普遍的なルールを定めることは、不可能だと考えている。なぜならば、調査者が情報提供者のインタビューに報酬を支払う約束をすることは、両者が自主的に共同研究することに合意した時もっとも良く機能する関係性のなかに、相互打算的要素を持ち込むことになる（傍線——打越）と思われるからだ。そういった金銭授受といった関わりが避けられない場合もあるだろう。しかしそのような関わりは、実質的に調査費用を増大させることになり、他の方法による互いに好ましいプロジェクトを排除することになる。（Whyte 1933［1943］=2000: 356-357　引用は奥田・有里による邦訳による）

ホワイトがこのように述べるのは、調査場面で、調査者が調査協力者に金銭を渡すことで、調査協力者によってその調査データは金銭的価値のある情報であることが認識され、そのことがデータに往々にしてよくない影響（打算的要素）を与えることが想定されるからである。彼によると、その額は徐々に増えていき、その結果、金銭授受のない調査をも駆逐することになるのを危惧する。それゆえに、金銭授受は避けるべきこととして位置付けられる。

これに対して、「つかえない内部関係者」であるパシリとしての参与観察は、調査対象者との間に貸しと借りが生まれることを積極的に位置付け、また調査対象社会の生活や調査対象者の人生に巻き込まれていくことを避けるものではない。また金銭の授受や利害関係そのものが問題なのではなく、調査対象社会の文脈をふまえずに、それを行うことが問題だとする。調査時の金銭授受は、そこのメンバーがどのような力関係やグループ構成にあり、それに基づいて誰にいくら、どの順番で、どのペースで渡すのかをつかむことが重要となる。そこに注意することで、要求される金銭が際限なく増加することはなく、またそれによって調査場面でトラブルを抑制したり、生じたトラブルに対処したりすることが場合によっては可能となる。

私の沖縄での調査について紹介すると、冒頭で述べたように刊行した本書『ヤンキーと地元』の単行本が想像以上の反響があり、説明を求められたり、印税を要求されたりすることがあった。その際は全体でいくらの利益が生まれたかを見せて、適切な額がどこの誰にそれぞれいくら分配されているかを説明して見合った額を支払いさえすれば、大きなトラブルには発展しなかった[49]。むしろ、調査倫理などのアカデミック界だけで通用する「調査で金銭の授受は禁止されているのでお渡しできません」などの説明を繰り返したとしたら、私は調査を継続できなかったはずだ。

この判断を行う際に、私が参考にしたのは、本書にも登場した上地の金銭感覚だった。彼は元暴走族少年で、現在は建設作業員として働く男性である。暴走族引退後、バイクでツーリングを楽しんでいたが、彼はある時、大きな交通事故にあってしまった。数年後、彼はその事故の慰謝料としてまとまった金銭を受け取った。その時、彼はそのお金で新車のハイエースを買い、離別したパートナーにも車を買い渡し、残りの金銭で地元の後輩たちを誘いキャバクラに通った。彼はいっさい貯金せずに、数カ月でその慰謝料を使い果たした。このように、人生において想定外のまとまった金銭を手に入れた時、彼らは自分とそのまわりの人たちに、まるで配るように使った。彼らのまわりは金銭的に困っている人がほとんどだ。その状況で貯金するということは、目の前の人たちを見捨てるということ、しかも見捨てていまの自分のために使うならまだしも、未来の自分のために貯めておくという二重の意味で「卑しい」ことである。

そのような金銭感覚を生きる彼らの世界に内部関係者として立つ私は、上地と同様の金銭授受を行った。その対応は、現行の調査倫理としては逸脱しているが、いまのところ調査遂行上の困難や調査対象者とのトラブルには発展していない。ここからは、巻き込まれることではなく、中途半端に巻き込まれることがまずいのであり、そうしたときに「カモ」にされることがわかる。内部関係者として巻き込まれれば、例えば犯罪者集団も身内からは盗みを働かないように、トラブルになるどころか、有益なことを教わることができるのである。

## 巻き込まれる調査者の限界と留意点
## ――ホモソーシャルなつながりから書くこと、つながりを書くことについて

ここまでパシリとしての参与観察について、その魅力と可能性について述べてきた。この項では、ホモソーシャルなつながりによってたどりついた世界や現実、そしてその軌跡について述べ、その方法の有効性とともに限界と留意点について補足する。

参与観察によって、彼らの現実に迫るために、私はパシリとなることをめざし、その過程でホモソーシャルなつながりを用いた。私は彼らとテレビを見ながらそこに出てくる芸能人の容姿について話したり、昨晩飲みに行ったキャバクラで働く女性スタッフについて、退店後にどの女性がタイプかといった話題で盛り上がったりする。またそれぞれの性体験や性的嗜好について告白し合うこともあった。自ら話し始めることは控えた

49――私が大学院生の頃は謝金なしで調査に協力してもらった。そのような期間が一〇年以上あり、その後、想定外の受け取りがあった時のみ、金銭の授受を行った。

が、私は彼らに聞かれると話し、話した後は聞き返して場を盛り上げることさえあった。このようなやりとりを経て、私は調査対象の男性たちと関係を築いてきた。これは私の男性という立場、またそのホモソーシャルなつながりで展開されるコミュニケーションの蓄積によって成り立つことである。

しかし女性の容姿について男性の間で盛り上がるといったコミュニケーションは、適切なものではなく到底正当化することはできない。それにもかかわらず、私はその場を積極的に構成する一員となり、ホモソーシャルなつながりを再生産することに寄与した。そのようなコミュニケーションのあり方に私は確かに違和感をもつ。しかし同時に、その違和感をその場で表明することなく社会調査を継続する。キャバクラで働く女性の容姿について、公の場で口外することはないが、内心ではその魅力に高ぶることがある。そんな私が彼らに対して、「女性を容姿で品定めするのはよくない」などと正論を述べることはできない。私は彼らと同じようにそれらを行うことはできないが、他方ではっきりと異なる立場を表明したり、ただ観察したりすることもできない曖昧《あいまい》な立場に立つ。

このようにふるまったのは、ポリティカルコレクトネスを捨て去り調査実践を優先すべきだから、ではない。私の価値観、身体感覚をもたずに、他者と相対することはできない。そして他者と相対することなしに調査を進めることもできないから、私はそのようにふるまったのである。私はこれまでの男性によるコミュニケーションの蓄積やその場での実践的な感覚に依拠してふるまう。そのような蓄積や実践感覚にもとづいて、私は調査実践を展開してきた。そして彼らのマッチョな価値観、厳しい上下関係、暴力について書き、考察した。ホモソーシャルなつながりを用いて沖縄の男性たちについて調べて書くことは、男性たちの価値規範に私も巻き込まれなければなしえなかった。例えば、前述したように、剛さんが社長から叱られる話を私は男の世界で共に苦労して生きたつながりを用いて共感的に聴いている。

もちろん巻き込まれるといっても、調査者の価値規範を捨て去り、何でもかんでも行うべきではない。調査者の価値観をもとにして、道徳的に法的に逸脱するようなことに巻き込まれる際には、当面の調査展開が見通せて、それにより学術的に意義があるものへと到達できる見通しがあると判断することが、最低限外せない。パシリとしての参与観察、なかでも観察者が調査対象者の生きる世界に巻き込まれることについては、男性たちの世界を理解するという意義がある反面で、男性の見方に拘束されるという限界があり、今述べたように留意しながらすすめる必要があるのだ。

このように男たちの世界を書くには、ホモソーシャルなつながりといった利害関係に巻き込まれる必要がある。調査者は、調査対象者とフラットな関係でいるということは決してできないし、その利害関係は調査に大きく関係する。「そのつながりを使うことは調査遂行上、仕方がない」と開き直ることはできない。またそのつながりを使わない

(=調べない)ことも、そしてつながりを使っているのに、それについて書かないことも避けなければならない。そのような事情をふまえ、ここでは調査場面の利害関係について記述してきた。

ここまでの議論を踏まえたうえで、男性たちの世界は、限界を自覚し留意しながら、それでも書かなければならないものである。彼らから学んだことは、「こちら側」にいては決して見えない現実、世界があるということである。つまり調査者が、調査対象者や調査対象社会に巻き込まれるような身体感覚を持ち合わせていなければ、そこに辿り着くことさえできないのだ。そしてそのように、こちら側でのみ調査が完結してしまうことはできる限り避けなければならないのである。

## 他者の人生を書くことへの責任の取り方

私はパシリとしての参与観察を進めるなかで、以下のように調査倫理に向き合ってきた。パシリとして調査協力者と関わるということは、相互になんらかの貸しと借りがある状態が続くこととなる。その状態が続くことは、想定外の出来事が生じたときに対処するための基盤となりえた。

ある時、刊行した著書について先輩(調査対象者)から聞きたいことがあるとの連絡を電話で受けた。刊行前に対面で説明していたのだが、それでもいまどうなっているのかと問い合わせがあったのだ。その時、私は沖縄にいたので、すぐに先輩が知人たちと過ごしているという焼肉屋にとんでいき、事情を説明した。そこでその先輩は知人たちに私を紹介してくれ、私が会計を済ます展開となった。このような展開となるように注力することが、私にとっての調査倫理の果たし方である。それはただ食事代を支払うということではなく、私が書いたり発表したりしたもので彼らから何らかの反応があった時にすぐに呼び出してもらえる関係を、可能な限りいつでもいつまでも続けるということである。この日、実際に呼び出してもらえたのは、彼からすると私に多くの貸しがある状態を維持できていたから可能となったことである。

このように調査において調査対象者の人生や社会の生活に相互に貸しと借りがある、つまり相互に巻き込まれてともに歩んでいくあり方によって、いつでも呼び出せる（異議申し立てのできる）関係を維持し続けることが、私の調査倫理の果たし方である。他者の人生について書くという責任をとれないことへの責任の取り方として、異議申し立てをいつでも受ける態度が最低限必要なことだと考える。

## 3　フィールドへ

### 誰もがなしうる特殊な手法

パシリは、一人前の仕事の水準には到達していない、能力を欠いた存在である。しかし、それを補うために、将来にわたり社長や先輩についていくことや、常に呼び出されて自身の時間を差し出す過剰さを兼ね備えた存在であった。「つかえない内部関係者」としてのパシリは、能力を欠き（貸し）、時間を過剰に差し出す（借り）。そのようにすることで貸しと借りは完済されず続いていき、そこに贈与的な社会関係がつくられる。それゆえ、つかえないにもかかわらず内部関係者として居続けることを可能とするのが、パシリという立場であった。

パシリという立場と同様に、参与観察でも「つかえない内部関係者」として調査者の時間を、調査対象者や調査対象社会に差し出し、そこに相互に巻き込まれることで社会関係をつくり、そしてその関係をもとに、その社会の特徴について書くことができる。調査対象社会で、調査者はすぐに役立つわけではない。しかし、いつでも、そしていつまでも関わるという時間を差し出すことで、徐々に認められ教えてもらうことで、調査が可能となる。

パシリとしての参与観察は、調査対象社会と近く、また長い調査期間にわたり関わるからわかるのではなく、調査対象社会に巻き込まれることでわかることに到達しうる。参与観察において、調査対象者との利害関係やその社会に巻き込まれることは避けるべきことではなく、むしろ反対に、調査対象の魅力や可能性の発見につながりうるものである。利害関係（トラブルも含む）となることを避ける／最小化するのではなく、利害関係に巻き込まれ、その利害関係をもとに調査する。

私たちは普段の生活でそのような貸しと借りのある利害関係を日々生きている。それゆえ、ここまで述べてきたような調査を展開する調査者の能力は「職人芸」ではなく、誰もが辿り着けるものである。確かに私の調査のプロセスは、私が辿ってきたという意味で再現困難な特殊なものだ。しかし調査者は誰もがそれぞれ特殊なプロセスを辿ることで調査対象者と出会い、調査対象社会に巻き込まれていく。その点では、私がとった調査方法は誰もがなしうる特殊な手法といえるのだ。そして、そのようにして書かれたエスノグラフィーを読む読者は、誰もが調査者の辿るそれぞれの特殊なプロセスを追体験することができるのである。

## 既存の知のあり方を乗り越えるために

このように巻き込まれながら調査する理由は、そうしないと、私たちは立てた仮説のことしかわからないからである。社会調査は、調査者が想定したことを確かめに行くだけではなく、私たちがまだ知りえていない世界に魅力を感じ、またそれを見落とすことを恐れながら調べることでもある。

なお想定外のことがおこる参与観察では場合によっては既存の倫理規定を超えることも調査場面で生じえる。やみくもに倫理規定を犯すことはないが、倫理規定を遵守していたら想定内のことしかわかりえない社会調査となる恐れが生じる。だから、時にはそれを逸脱しても、調査をつづける必要があるのだ。

社会調査は権力を有する調査者がいまだ明らかになっていない人びとの声を聴き、いないことにされている人びとの存在を明らかにし、そこから既存の社会や知のあり方を批判的に問うことを目的とする。だが、既存の社会や知のあり方から彼らを調べる限り、それは既存の知のあり方を再生産し強化することにしかならない。パシリとしての参与観察は、そのような状況を乗り越えうる調査方法なのである。

# 解説　打越正行という希望

岸政彦

打越正行と最初にお会いしたのはいつだっただろうか。もう二〇年も前のような気がする。釜ヶ崎をはじめとする都市下層問題研究の第一人者である青木秀男先生が主催する「都市下層問題研究会」、略して「A研」で出会ったのが最初だった。広島に在住する青木先生が、月にいちど、ご自身の出身である大阪市立大学の社会学教室を拠点として開催していた研究会だ。大阪市大の院生だけではなく、全国で貧困や排除、差別やマイノリティのことを調査研究する若手が集まっていた。私ももちろん毎月参加していたし、ほかにも丸山里美、白波瀬達也、原口剛、齋藤直子、堤圭史郎、妻木進吾、内田龍史、渡辺拓也などが集まり、活発な研究報告と議論（と飲み会）が繰り広げられていた。当時はみな、無名の、ただの院生だったのだが、現在はそれぞれの領域で第一線で活躍する研究者になっている。石岡丈昇と会ったのもこの研究会だったと思う。

ある日、その研究会で打越正行が報告した。彼は当時、広島国際学院大学の修士の院生だった。その日の研究会に出席したメンバーはみな、打越の調査報告に驚いた。それは広島の暴走族への参与観察だったのだ。

彼が撮影した広島の暴走族の動画を見ながらの報告だった。夜の商店街で円陣を組み、ひとりずつ大声で名乗りをあげ、最後に「よろしく！」と叫ぶ暴走族の若者たち。ある種の「示威活動」だが、特攻服でただ棒立ちして順番に大声をあげるその姿は、コミカルですらあった。彼の説明によれば、広島県警の取り締まりが厳しく、暴走行為がだんだんとできなくなっていて、集団的な行動としては現在はこのような形になっている、とのことだった。

暴走族の若者にひとりの大学院生が接触し、信頼関係を構築してその関係を維持し、濃密な参与観察をおこなう。佐藤郁哉という社会学者がかなり昔、こうしたことをおこなったが、「文化」や「モード」の表層的な調査にとどまっていた（もちろんそれはそれで貴重なモノグラフとして、いまでも高い価値を持つものである）。しかし打越正行の調査は、たんに暴走の現場だけでなく、チームのメンバーそれぞれの「生活」に深く深く入り込むものだった。私たちは、広島から突然出現したフィールドワーカーの報告に強く心を動かされた。

打越正行という、のちに「驚愕のエスノグラフィ」と形容される本書『ヤンキーと地元』を書く社会学者は、京大や東大のきらびやかな場所ではなく、沖縄と広島という周辺的な場所から突如として現れたのである。

琉球大学の学生だったとき、打越正行は授業で聞いたポール・ウィリスの『ハマータウンの野郎ども』（一九七〇年代のイギリスの不良少年たちのエスノグラフィ）の調査に感動し、すぐに小さなカセットテープレコーダーを買って、ゴーパチ（国道五八号線。沖縄本島を縦断する幹線道路）に行って暴走族の若者たちに話を聞いたり、大学の駐輪場でたまたまたむろしていた地元のヤンキーの子たちの酒盛り（もちろん未成年）に参加した。酒盛りでは、ひとりの少年が高校を辞めようとしているのを、みんなで辞めないように説得していた。

そのあと琉大を卒業して広島の実家へ帰り、広島国際学院大学の大学院の修士課程に進学し、青木秀男と出会う。この頃は広島で暴走族の調査をしていた。その後、紆余曲《うよきょく》折《せつ》があり、沖縄の暴走族の若者たちへの参与観察を本格的に始め、首都大学東京の博士課程に進学してそこで博士論文を書き、現在に至っている。

いまは和光大学の教員として、フィールドワークに、論文の執筆に、学生指導に忙しい毎日を送っているが、彼も長い間「不遇」の時代があり、沖縄のいくつかの中学校で非常勤講師をしていた時期もあった。そんなときでも彼は、校区の公園を夜中に巡回し、そこでたむろしている子どもたちにおにぎりを買い与え、寒いときは上着を貸してやり、

「臭いから嫌」と言って断られたりしていた。

何度も大学教員の公募に出しては落ち続け、彼はやがて、大学への就職をあきらめることを決めた。沖縄でバーでもやりますわ、と、真顔で言っていた。

そんなとき、Ｗｅｂジャーナルのシノドスの編集長から私に連絡があり、「研究者支援のクラファンをやるので、研究費に困っている若手の方、だれかいませんか」と聞かれたので、「研究費に困ってるひとは知りませんが、生活費に困ってるひとなら知ってます」と答えた。打越正行を紹介すると編集長もとても喜んで、ぜひやりましょうということになった。

こうして、「暴走族・ヤンキー若者のエスノグラフィーを書くための時間（生活資金）をサポートしてほしい！」というクラウドファンディングが始まった。二〇一七年のことだ。

その呼びかけ文として、打越正行はこう書いている。少し長くなるが一部を引用しよう。

みなさま、はじめまして！　打越正行と申します。一九七九年、広島生まれ。文化社会学という学問を専門としています。

わたしは広島市と関東圏、そして沖縄で、暴走族やヤンキーの若者の参与観察を行ってきました。すべての土地で出会いに恵まれていることに感謝しています。参与観察とは社会学や人類学でとられる調査方法のひとつで、要は暴走族のアジトに通い、下積みを重ねながら調査対象者やその社会について教えてもらう社会調査法のことです。（……）

これまでに四度、彼らが働く建築会社で一緒に働かせてもらいました（そのうち一度は調査ではなく、研究職に就けないために、生活するために働きました）。なかでも真夏の沖縄の建築現場は、どんなに喧嘩が強かろうと体格がズバ抜けていようと、熱中症でボコボコ倒れるような過酷な場所でした（ただし、何の仕事よりも一日の仕事が終わった後の爽快感がありました）。（……）

二〇一六年四月に、その成果を博士論文「沖縄の下層若者と〈地元〉の社会学」として、まとめることができました。そして今回、クラウドファンディングにチャレンジしようと考えたのは、博士論文を書籍として出版したく考えているためです。現在、ありがたくある出版社から書籍化の話をいただいています。ただし、昨今の大学事情とわたしの要領の悪さゆえに、ここ一年半は生計をまわすために働き詰めで過ごさざるをえませんでした。

調査もある程度、積み重ねてきました。そして博士論文としてまとめることもできました。ただし、ここにきてそれを公にするための時間がなくなりました。

そこでみなさまに、書籍化や、そのほかの共著本の執筆に充てる時間（二〇一七年四月から九月まで）をサポートいただけないでしょうか。そのための最低限の生活費と書籍化に向けた出版社との打ち合わせ旅費、そのほか雑費をサポートいただければ大変助かります。

どうぞ、よろしくお願いいたします！

こうして始まったクラファンだが、目標を大幅に超える金額が集まった。打越は那覇の場末に家賃二万五〇〇〇円の安アパートを借り、家族と離れてひとりで閉じこもり、一年ほどかけて原稿を執筆した。

こうして完成したのが本書である。前述したようにちょうど打越は大学への就職をあきらめかけていたときであり、死ぬ気で本書を完成させて出版し、そしてそれを一生の記念として、研究の道から離れ、沖縄で暮らしていこうと考えていた。

背水の陣で書かれた本書は、予想されたことだが、きわめて大きな反響を呼び、二〇年前に私たち研究会のメンバーを驚愕させた彼の仕事は、多くの人びとの知るところとなった。それからの活躍については、私があらためて述べる必要もないだろう。ある有名な社会学者は、日本語圏のエスノグラフィに「打越以前」と「打越以後」の区分ができた、とふと漏らした。私も同感だ。パシリという、ほかの誰にも真似のできない独自の方法で、おそらく沖縄の人でも入るのが難しいような、沖縄の地元のヤンキーたちの集団に入り込み、強固な信頼関係を築き、生活をともにし、自分自身の人生を捧げながら長期間にわたって参与観察を続ける。こんなことは誰にもできない。

もはやここで私が説明を繰り返すまでもないが、社会学的調査には大きくわけて「量的調査」と「質的調査」がある。前者はたくさんの人びとを対象にするアンケート調査で、後者は生活史の聞き取りや参与観察を含むフィールド調査のことだ。歴史的資料の言説分析を質的調査に含む場合もある。とにかく質的調査とは「数字を使わない」調査のことだが、難しい数式を使って大量のデータをエレガントに処理する量的調査と違い、聞き取りや参与観察はまず、他人が暮らし、人生を営むその現場に行って、頭を下げ、手土産を渡し、挨拶をして、酒を飲み、紹介してもらい、紹介され、なんとか頼み込んで、それでもなかなか思うようにいかないときもある、地味で地道で、時間と手間のかかる調査だ。

簡単に「他人が暮らし、人生を営むその現場」と書いたが、言うまでもなく、すべての人びとは調査をされるために生きているわけではない。ひとが暮らすその現場にずかずかと入り込んで、その貴重な時間と手間を奪い、データだけ大量に集め、持ってかえって研究室で論文を書き、自分だけそれで博士号を取ったり、就職したり、出世したり、印税をもらったりする。調査される側には基本的に何のメリットもない。質的調査とは、おおげさにいえば、そういう調査なのである。

だから、調査者にとって最大の問題は、どうやって現場で暮らしている「ふつうの」ひとびとの理解と信頼を得るか、ということである。昔は「ラポール」などという言葉で、調査者と被調査者の信頼関係が議論されたが、私は若いころからこの議論に違和感があった。調査をスムーズにおこなうために信頼関係を構築する、というのは、一方では当たり前の話でもあるが、他方で現場の人びとにとても失礼なことではないか、と思ったのである。

いずれにせよ私たちは、人びとの好意にすがるほかない。調査先で受け入れられるかどうかは、ひとえに、人びとの好意と善意にかかっている。もちろん、この関係性を維持し、発展させていくためには、調査者の側の絶え間ない努力と誠実さが必要である。しかし、そもそもフィールドに入るその「瞬間」に、私たちができることはあまりない。ただひたすら誠実に丁寧にふるまい、調査に協力していただけるようお願いするほかない。

打越正行は、その「瞬間」に、パシリになることを選んだ。「選んだ」のかどうかもわからない。彼自身がどこかで書いていたことだが、子どものころから中学までずっと、彼は地元の学校のヤンキーたちのパシリとして居場所を作ってきたという。怖いヤンキーの同級生が学校のトイレでタバコを吸っているとき、いつも廊下で見張り役をしていたそうだ。そんな打越にとって、広島や沖縄のヤンキーの若者たちのパシリになることは、自然な成り行きだっただろう。私たちは持てるすべての手段をつかってフィールドの現場に行く。打越にとってはそれは、パシリとしての才能と経験と技術だったのだろう。いま「技術」と書いたが、ここで重要なことは、打越正行は「パシリを装った」「パシリのふりをした」のではない、ということだ。彼はほんとうにパシリに「なった」。一分でも彼と接したことのあるものならすぐに分かることだが、打越正行はほんとうに誰に対しても腰がひくく、物腰が柔らかく、いつも笑顔で、めったに面と向かって怒ったりしない。彼にとってパシリの役割は、調査のために意図的に選ばれた手段なのではなく、「それしかなかった」道だったのだろう。だからこそここまで深く長期間にわたって、暴走族や日雇い、あるいは闇金や風俗店経営の若者たちとしっかりと関係を築くことができたのだろう。

つくづく、社会学とは何だろうか、社会学とは何のためにあるのだろうかと思う。社会学とは、当たり前だが、社会科学のひとつのジャンルだ。それは科学である。したがってそれは、政治的・倫理的正しさではなく、あくまでも科学としての正当性や妥当性、代表性や再現性の確保、手続きや方法の正しさ、結果のもっともらしさなどの、客観的で「経験的な」基準にしたがって評価されるべきだ。もともとそういう声は大きかったが、この二〇年ぐらいでますます社会学も、手続きや形式が重要視されるようになってきている。

もちろん、そのことには、ちゃんとした理由も必然性もある。以前の社会学のごく一部だが、問題を抱えていたのだ。預言者のような社会学者が適当に「大きな話」をすることも多かった。こうした、メディアでは有名なごく一部の社会学者に対する反発もあり、社会学はどんどん「通常科学化」していった。もちろん私も、その流れを歓迎している（詳しくは『社会学はどこから来てどこへ行くのか』という対談集を参照してほしい）。

しかし同時に、差別や貧困、排除といったテーマで、周縁化された人びとに対する調査研究をおこなう社会学者も少なくなったような気がする。そのかわり「調査倫理委員会」のような面倒な書類や手続きばかりが増えて、フィールドワークもますます無難な、おとなしいものが増えたように感じる。

そんな状況に背を向け、就職もせず、無所属のままでひたすら沖縄の暴走族のアジトに通い、コザの居酒屋やキャバクラで一緒に飲み、広島では盗難されたバイクとも知らずに押していたら警官に捕まって取調室で怒鳴り散らされたが仲間のことは一切口を割らず、沖縄では暴走族が警官に絡まれたときにもチームのメンバーから「このひとは（暴走族とは）違うんです」と庇《かば》われ、上間陽子をして「悔しい」とまで言わせた調査をおこなう打越正行は、日本語圏の社会学の希望である。

打越が本書でしたことは何だろうか。それはおそらく、社会学における質的調査の深度と解像度を急激に高めた、ということだけでなく、彼の共同研究者である上間陽子と共に「沖縄の語り方を変えた」ということだと思う。沖縄といえば「共同性のシマ」として、長いあいだ、日本の社会学のなかでも表象されてきた。それにはいろいろ事情と文脈がある。たとえばそこには、ある種の「疎外論」に対する抵抗という意味もあった。社会の近代化がもたらす人間の疎外、という、戦後大流行した似非《えせ》フランクフルト学派的な一方的疎外論に対して、沖縄の人びとの「貧しいながらも豊かな暮らし」という話法は、ある種の解放感をもたらしたことだろう。それだけではなく、基地や貧困を押し付けている側としての「ナイチャー」（内地の人間）の「罪悪感」もあったことだろう。とにかく沖縄は、基地に抵抗しながらお互い助け合って暮らす、ゆいまーる（相互扶助）のシマとして語られてきたのである。

しかしそうした理想化によって私たちは、沖縄で起きている現実の姿から目を逸《そ》らされることになった。沖縄の内部における貧困、暴力、排除、分断の多くは、沖縄戦、米軍の占領、日本の政策によって人為的に作られたものである。そうした沖縄の、一部かもしれないが確かに実在する姿について、ここまで深く入り込んで書いたものは他にほとんどいなかった。

打越正行が本書で描いているのは、沖縄の男たちの、「地元つながり」の過酷さである。彼は「しーじゃ」と「うっとぅ」のあいだの暴力、一方的な犠牲と献身の共依存的な関係性をディテール豊かに描いていて、その手腕にはほんとうに感嘆するほかないが、同時に彼はこの関係性を、マクロな「歴史と構造」から見ることを忘れない。沖縄の地域社会から排除された若者たちは、多くの場合、日雇いの形で建築労働に吸収されていくが、沖縄が「公共事業のシマ」であることとそれは無関係ではない。それは、沖縄戦と米軍占領期を通じて、現在にいたるまで零細な第三次産業に偏った沖縄の産業構造が生み出したライフコースである。そしてこの産業構造に近年の少子高齢化が加わり、沖縄のヤンキーたちはしーじゃとうっとぅのパシリ関係から抜け出すことができなくなっている。

社会学者としての打越正行の最大の功績は、沖縄のヤンキーたちの生活に深く入り込んでその実態を詳細に描いたことだけではなく、それを沖縄の戦後の「歴史と構造」に結びつけて分析したところにある。この点については、本書だけでなく、これまで打越正行が書いてきた数多くの論文を参照してほしい。特に、岸政彦・打越正行・上原健太郎・上間陽子が四名で共に書いた『地元を生きる――沖縄的共同性の社会学』（ナカニシヤ出版、二〇二〇年）もぜひ参考にしてほしい。この本でも打越正行は、沖縄の元暴走族の若者たちの過酷なしーじゃとうっとぅの関係性を、あますことなく描き切っている。さらに打越正行のテクストにはあまり出てこない沖縄のジェンダー問題については、彼の共同研究者である上間陽子の『裸足で逃げる――沖縄の夜の街の少女たち』（太田出版、二〇一七年）を読んでほしい。打越正行と上間陽子はかならず一緒に読まれるべきである。

最後に繰り返すが、打越正行が就職をあきらめずに、沖縄の調査研究を続けてきたことは、日本の社会学にとってほんとうに僥倖《ぎょうこう》だった。周辺化された人びとの懐にここまで入り込んで、その生活実践を歴史と構造に結びつけて理論的に分析できる社会学者は、ほかにはめったにいない（丸山里美や石岡丈昇などはその数少ない例外である）。あらためて本書の文庫化を喜びたい。打越正行の仕事が時代や世代を超えて読まれ、受け継がれていくことを心から願っている。

# 初出一覧

既出の論考には大幅な加筆・再構成を施し、一書とした。

はじめに
書き下ろし

第一章
打越正行（二〇〇八）「仕事ないし、沖縄嫌い、人も嫌い――沖縄のヤンキーの共同性とネオリベラリズム」『理論と動態』一号：二一―三八頁
打越正行（二〇一六）「暴走族のパシリになる――「分厚い記述」から「隙のある調査者による記述」へ」木下衆・朴沙羅・前田拓也・秋谷直矩編著『最強の社会調査入門』ナカニシヤ出版、八六―九九頁
打越正行（二〇一七）「沖縄で「暴走族のパシリ」になる――調べる社会と調べ方の出会い」『現代ビジネス』(https://gendai.ismedia.jp/articles/-/52067)

第二章
打越正行（二〇一一）「型枠解体屋の民族誌――建築現場における機械的連帯の意義」『社会学批評』別冊：二一―四四頁
打越正行（二〇一八）「つくられたしーじゃ・うっとぅ関係――沖縄の建設業の社会史」広島部落

解放研究所編『部落解放研究』二四号：四七―六七頁

第三章
打越正行（二〇一三）「建築業から風俗営業へ――沖縄のある若者の生活史と〈地元〉つながり」日本解放社会学会編『解放社会学研究』二六号：三五―五八頁

第四章
書き下ろし

第五章
打越正行（二〇一八）「夜から昼にうつる――ライフステージの移行にともなうつながりの分化と家族像」東海社会学会編『東海社会学会年報』一〇号：八七―九八頁
打越正行（二〇一八）「生きつづける沖縄の「アムラー」」『STUDIO VOICE』四一二号：一五七頁

補論
打越正行（二〇二三）「パシリとしての参与観察――つかえる部外者から、つかえない内部関係者へ」社会理論・動態研究所編『理論と動態』一六号：三二―五〇頁

# 調査実施一覧

第1回（沖縄）
2007年6月21日〜7月12日（22日間）
第2回（沖縄）
同年8月28日〜9月10日（14日間）
第3回（沖縄）
同年10月13日〜12月10日（59日間）
第4回（沖縄）
2008年2月10日〜3月10日（30日間）
第5回（沖縄）
2009年6月9日〜同月16日（8日間）
第6回（沖縄）
2010年8月8日〜同月24日（17日間）
第7回（沖縄）
2011年8月2日〜同月28日（27日間）
第8回（沖縄）
2012年1月19日〜同月23日（5日間）
第9回（沖縄）
同年7月19日〜9月17日（61日間）
第10回（沖縄）
同年11月8日〜同月13日（6日間）
第11回（沖縄）
2013年2月21日〜3月5日（13日間）
第12回（沖縄）
同年8月7日〜同月30日（24日間）
第13回（埼玉）
同年12月22日〜同月23日（2日間）
第14回（埼玉）
2014年7月20日〜同月21日（2日間）
第15回（沖縄）
同年8月27日〜9月15日（20日間）
第16回（沖縄）
2015年7月2日〜8月21日（51日間）

# 生活史インタビュー・実施記録

| 開始日 | 調査対象者 | 調査場所 | 調査者 |
|---|---|---|---|
| （2012年） | | | |
| 7月22日 | 良夫 | キャバクラ店 | 打越、上間 |
| 23日 | 良夫 | キャバクラ店 | 打越、上間 |
| 30日 | 洋介 | ドライブ中の車内 | 打越、上間 |
| 8月1日 | 勝也 | ドライブ中の車内 | 打越 |
| 7日 | 勝也、わたる | 打越の宿舎 | 打越 |
| 11日 | よしき | ビーチ | 打越 |
| 15日 | 太一 | 仲里のアパート | 打越 |
| 16日 | 上地、太一、仲里 | 仲里のアパート | 打越 |
| 20日 | エミ | ガスト | 打越、上間 |
| 31日 | 太一、仲里、譲司 | コンビニ前 | 打越 |
| 31日 | 譲司 | 路上 | 打越 |
| 9月1日 | 太一、仲里、慶太、譲司 | 居酒屋 | 打越 |

| 開始日 | 調査対象者 | 調査場所 | 調査者 |
|---|---|---|---|
| （2012年） | | | |
| 9月3日 | 上地 | レストラン | 打越 |
| 4日 | 宮城 | ドライブ中の車内 | 打越 |
| 11日 | 上地 | タコス屋 | 打越、上間 |
| （2013年） | | | |
| 3月20日 | ゆうじ | タトゥースタジオ | 上間 |
| 4月8日 | 真奈 | メンズエステ店 | 上間 |
| 8月12日 | 上地 | 喫茶店 | 打越 |
| 16日 | 太一 | 仲里のアパート | 打越 |
| （2014年） | | | |
| 3月27日 | サキ | マクドナルド | 上間 |
| 9月19日 | エミ | タコス料理店 | 上間 |

# 参考文献


## 第一章～第五章

岸政彦（二〇一五）『断片的なものの社会学』朝日出版社
岸政彦ほか著（二〇二〇）『地元を生きる――沖縄的共同性の社会学』ナカニシヤ出版
佐藤郁哉（一九八四）『暴走族のエスノグラフィー――モードの叛乱と文化の呪縛』新曜社
谷富夫（一九八九）『過剰都市化社会の移動世代――沖縄生活史研究』溪水社
打越正行（二〇一六）「暴走族のパシリになる――「分厚い記述」から「隙のある調査者による記述」へ」前田拓也ほか編著『最強の社会調査入門』ナカニシヤ出版、八六―九九頁

## 補論

有里典三（二〇〇二）「参与観察法から参与的行為調査へ」創価大学通信教育部学会編『通信教育部論集』五号：一一八―一三三頁
鵜飼正樹（一九九四）『大衆演劇への旅――南條まさきの一年二ヵ月』未來社
打越正行（二〇一六）「暴走族のパシリになる――「分厚い記述」から「隙のある調査者による記述」へ」前田拓也ほか編著『最強の社会調査入門』ナカニシヤ出版、八六―九九頁
――（二〇二〇）「沖縄のヤンキーの若者と地元――建設業と製造業の違いに着目して」日本平和学会編『平和研究（「沖縄問題」の本質）』五四巻：七一―九〇頁

佐藤郁哉（一九八四）『暴走族のエスノグラフィー――モードの叛乱と文化の呪縛』新曜社
――――（一九八五）『ヤンキー・暴走族・社会人――逸脱的ライフスタイルの自然史』新曜社
――――（二〇〇二）『組織と経営について知るための実践フィールドワーク入門』有斐閣
――――（二〇〇六）『フィールドワーク　増訂版――書を持って街へ出よう』新曜社
新原道信（二〇二二）「フィールドワークとは何か――地球の裏側へ／足元へのはるかな旅から」新原道信編著『人間と社会のうごきをとらえるフィールドワーク入門』ミネルヴァ書房、一―三四頁
宮内洋（一九九九）「私はあなた方のことをどのように呼べば良いのだろうか？　在日韓国・朝鮮人？　在日朝鮮人？　在日コリアン？　それとも？――日本のエスニシティ研究における〈呼称〉をめぐるアポリア」在日朝鮮人研究会編『コリアン・マイノリティ研究』三号：五―二八頁
森岡清美ほか編（一九九三）『新社会学辞典』有斐閣
山北輝裕（二〇一一）『はじめての参与観察――現場と私をつなぐ社会学』ナカニシヤ出版
Gold, R., 1958, "Roles in Sociological Field Observation", *Social Forces*, 36(3): 217-223.
Whyte, William Foote, 1993[1943], *Street Corner Society*, Fourth edition, Chicago, Illinois, U.S.A.: The University of Chicago Press.（W・F・ホワイト〔二〇〇〇〕『ストリート・コーナー・ソサエティ』奥田道大・有里典三訳、有斐閣）

本書は二〇一九年三月に筑摩書房より刊行されました。文庫化にあたり、若干の加筆訂正のうえ、補論と解説を加えました。

ちくま文庫

# ヤンキーと地元《じもと》
## ——解体屋《かいたいや》、風俗経営者《ふうぞくけいえいしゃ》、ヤミ業者《ぎょうしゃ》になった沖縄《おきなわ》の若者《わかもの》たち

二〇二四年十一月十日　第一刷発行
二〇二五年　四　月五日　第五刷発行

著　者　打越正行（うちこし・まさゆき）

発行者　増田健史
発行所　株式会社　筑摩書房
東京都台東区蔵前二―五―三　〒一一一―八七五五
電話番号　〇三―五六八七―二六〇一（代表）
装幀者　安野光雅
印刷所　三松堂印刷株式会社
製本所　三松堂印刷株式会社


ISBN978-4-480-43984-0　C0136